Gelegentliche Gedanken über Universitäten in deutschem Sinn.

Nebst einem Anhang über eine neu zu errichtende.

von

F. Schleiermacher.

Berlin 1808.
In der Realschulbuchhandlung.

Vorrede.

Nur ein kleines Vorwort für die kleine Schrift. Schon durch die Art, wie sie sich bezeichnet, will sie gern diejenigen abweisen, welche hier etwa aus irgend einem Mißverstand eine wissenschaftliche erschöpfende Behandlung des Gegenstandes suchen möchten. Es wäre falsche Bescheidenheit, wenn, was

)(

so gemeint ist, sich nur für etwas gelegentliches ausgeben wollte; wie es Anmaßung wäre und leere Prahlerei, wenn was nur gelegentlich entstanden ist und nur so wirken soll, sich wissenschaftlich geberden wollte. Die Sache verträgt allerdings eine strenge und gründliche Behandlung; das wissenschaftliche Feld, wohin sie gehört, mag auch dem Verfasser nicht ganz fremd sein, und er hofft, daß die hier vorgetragenen Gedanken selbst größtentheils auch dort eine Stelle würden finden müssen. Nur hier macht er gar nicht Anspruch auf wissenschaftliche Reife oder strenge Darstellung. Er trägt seine Ansicht ohne diesen Grad der Vollendung vor, gelegentlich und soviel möglich leicht hingeworfen als ein verständliches Wort, zur Beherzigung für eine Zeit, welche während der Zerstörung so vieles Alten auch so manche neue Keime entwikkelt.

Wer bei Pflanzung oder Erneuerung wissenschaftlicher Anstalten mitzuwirken hat, kann sich doch nicht genug vorsehn, ob er auch den Gegenstand, über den er zu rathschlagen hat, und seine einzelnen Theile in ihrer wahren Beziehung aufgefaßt habe. Schon seit langer Zeit werden die entgegengesezteſten Ansichten über diese Sache aufgestellt. Jede enthält unstreitig etwas wahres und ist beherzigungswerth; aber wenn es doch nur Eine Seite ist, die sie nach Neigung oder nach Umständen heraushebt, so muß doch die Vorstellung des Ganzen, die sich bloß hieraus bildet, unsicher störrig und verschroben ausfallen; denn einzelne Beziehungen können nie das Maaß der Sache selbst sein, ja auch ihr eignes Maaß nicht in sich haben. Und leider, wie schwer ist es nicht zu vermeiden, daß Neigung, daß besondere Verhältnisse, daß oft sogar ein fremdartiges Bedürfniß nicht Einfluß erhalte auf die Ueberlegungen derer, die eben zu handeln haben.

Drum soll auch derjenige nicht unwillkommen seine Stimme vernehmen lassen, der Muße hat, sich vor dem Gegenstand niederzulassen, und ihn, wie er sich seit langer Zeit verschiedentlich unter uns gestaltet hat, von allen Seiten zu betrachten. Denn auch, wo neues gebaut werden soll, ist es von der größten Wichtigkeit zu wissen, was von dem bisherigen wesentlich oder zufällig, und was vielleicht gar in Irrthum und Mißverständniß gegründet gewesen, und also verwerflich ist, wie sich dessen in allen Zweigen des menschlichen Thuns und Wirkens immer finden muß.

Eine solche Betrachtung eignet sich am meisten zur öffentlichsten Mittheilung, weil sie nicht nur für die Wenigen angestellt wird, welche auf diesem Gebiet schaffen, umbilden, regieren sollen, sondern für Alle, die einen lebhaften Antheil an der Sache nehmen. Diese Alle daher möchte sich der Verfasser einladen, ihm bei seiner Beschauung zuzuschauen, und dadurch aufgeregt zu werden, den Gegenstand, es sei nun so wie er oder besser als er, auf jeden Fall aber gründlicher als zuvor zu erkennen.

1.

Vom Verhältniß des wissenschaftlichen Vereins zum Staate.

Man kann annehmen, daß fast allgemein die Voraussezung gemacht wird, es solle unter den Menschen nicht nur Kenntnisse aller Art geben, sondern auch eine Wissenschaft. Die Ahndung von ihr, das Verlangen nach ihr regt sich überall. Selbst die, welche ihr Geschäft am allermeisten nach hergebrachter Gewohnheit behandeln, berufen sich auf die Voreltern; was gar keinen Sinn hat, wenn nicht das dunkle Gefühl darin liegt, diese müßten bei dem gleichen Verfahren nicht bloß das Recht der Gewohnheit für sich gehabt haben, sondern vielmehr einen höheren Grund. Eben so die, welche in menschlichen Dingen irgend *etwas* durch die Kraft des bloßen Instinkts weiter fördern, berufen sich darauf, daß Andern obliegen müsse, ihr Thun zu erklären, und verständig zu rechtfertigen. Dies alles weiset auf die Wissenschaft hin.

Daß aber diese durchaus nicht Sache des Einzelnen sein, nicht von Einem allein zur Vollendung gebracht und vollständig besessen werden kann, sondern ein gemeinschaftliches Werk sein muß, wozu Jeder seinen Beitrag liefert, so daß Jeder in Absicht ihrer von allen übrigen abhängig ist, und nur einen herausgerissenen Theil sehr unvollkommen allein besitzen kann, auch das muß gewiß allgemein einleuchten. Wie genau hängt doch alles zusammen und greifet in einander auf dem Gebiete des Wissens, so daß man sagen kann, je mehr etwas für sich allein dargestellt wird, um desto mehr erscheine es unverständlich und verworren, indem streng genommen jedes Einzelne nur in der Verbindung mit allem übrigen ganz kann durchschaut werden, und daher auch die Ausbildung jedes Theiles von der aller übrigen abhängig ist Diese nothwendige und innere Einheit aller Wissenschaft wird auch gefühlt überall, wo sich bestimmte Bestrebungen dieser Art zeigen. Alle wissenschaftlichen Bemühungen ziehen einander an, und wollen in Eines zusammen gehen, und schwerlich giebt es auch auf irgend einem andern Gebiete des menschlichen Thuns eine so ausgebreitete Gemeinschaft, eine so ununterbrochen fortlaufende Ueberlieferung von den ersten Anfängen an, als auf dem der Wissenschaft. Freilich nicht, als ob nicht auch hier die Bemühungen der Menschen gesondert und mannigfaltig getheilt, ja hie und da sogar gewaltsam und willkührlich auseinander gerissen wären. Was verschiedene Völker gleicher Zeit wissenschaftlich betreiben hängt oft äußerlich gar wenig zusammen; und noch mehr erscheinen ganze Zeitmassen von einander gesondert. Allein wer die Sache etwas im Großen ansieht, dem kann auch hier in dem fortschreitenden Bestreben, alles Getrennte allmählig zusammenzubringen, die vorherrschende Gewalt einer inneren Einheit nicht entgehen.

Bei diesem Zusammenhange nun kann es nur ein leerer Schein sein, als ob irgend ein wissenschaftlicher Mensch abgeschlossen für sich in einsamen Arbeiten und Unternehmungen lebe. Vielmehr ist das erste Gesez jedes auf Erkenntniß gerichteten Bestrebens, Mittheilung; und in der Unmöglichkeit wissenschaftlich irgend etwas auch nur für sich allein ohne Sprache hervorzubringen, hat die Natur selbst dieses Gesez ganz deutlich ausgesprochen. Daher müssen sich rein aus dem Triebe nach Erkenntniß, wo er nur wirklich erwacht ist, auch alle zu seiner zwekmäßigen Befriedigung nöthige Verbindungen, die verschiedensten Arten der Mittheilung und der Gemeinschaft aller Beschäftigungen von selbst gestalten; und es wäre irrig zu glauben, daß alle dergleichen Anstalten, wie es jezt scheint, nur das Werk des Staats sein könnten. Niemand wird angeben können, wie dieser darauf gekommen seyn sollte, das Wissen, wenn es ursprünglich ganz zerstreut gewesen wäre, auf solche Weise zu sammeln. Nur da werden alle Unterrichtsanstalten eigentlich vom Staate ausgehn müssen, wo über ein noch ganz rohes Volk eine kleine Anzahl eines gebildeten bildend herrscht, und den Trieb des Wissens erst in jenem erwekken will. Man sehe nur, wie schon im Schooße der Familie die Elemente zum Unterricht und zur Gemeinschaft der Kenntnisse sich selbst bilden; wie zweifelhaft es im allgemeinen bleibt auch von den größeren Vorkehrungen, ob sie von selbst entstanden, oder vom Staat, oder von der Kirche gegründet sind. Ergiebt sich nicht aus allem, daß wir um der Natur der Sache getreu zu bleiben, alle solche Veranstaltungen als etwas ursprüngliches, aus freier Neigung, aus innerem Triebe entstandenes ansehen müssen?

Aber freilich je mehr sie sich ausbilden, um desto mehr erfordern sie Hülfsmittel, Werkzeuge mancher Art, Befugniß der Verbundenen, auch als solche mit Andern auf eine rechtsbeständige Art zu verkehren. Dies alles kann freilich nur durch den Staat erlangt werden, und daher ergeht an ihn die Anmuthung, diejenigen, die sich zum Behuf der Wissenschaft mit einander verbunden haben, wie wir uns ausdrükken, als eine moralische Person anzuerkennen zu dulden und zu schüzen. Bei deutschen Völkerschaften und Verfassungen kann diese Zumuthung am wenigsten befremdlich sein, da wir bei ihnen beständig eine Menge freier Vereinigungen zu allerlei Zwekken bestehen und entstehen sehen, die der Staat nicht nur duldet, so lange sie sich als unverdächtig ausweisen, so daß man ihnen, um Verfolgung gegen sie zu erregen, immer etwas unbürgerliches, staatzerstörendes erweisen muß, sondern denen er auch Vorrechte mancher Art einräumet, wie sie zusammengesezten Personen, die ja doch größer sind als Einzelne, wol geziemen mögen.

Wie es aber auch mit andern Vereinigungen vielfältig geschieht, daß wenn der Staat von ihrer Nüzlichkeit überzeugt ist, er sie sich allmählig so aneignet, und sie in sich aufnimmt, daß man hernach nicht mehr unterscheiden kann, ob sie frei für sich entstanden oder von der verwaltenden Macht gestiftet worden sind, dasselbige ist auch, wie wir sehen, sogar mit den wissenschaftlichen Verbindungen geschehen; wiewol, wenn die Erfahrung nicht so klar vor Augen stände, jeder zweifeln möchte, ob wirklich, bei dem genauen Zusammenhang aller wissenschaftlichen Bestrebungen derselben gebildeten Zeit, diejenigen, die innerhalb eines gewissen Staates entstanden sind, sich gutwillig von den übrigen trennen, und dagegen dem Staat, der ihnen eigentlich fremd ist, sich so genau würden anschließen wollen. Und freilich fehlt es auch nicht an einer eben so in die Augen fallenden Widersezlichkeit des wissenschaftlichen Vereins gegen diese zu genaue Verbindung. Das wahre und natürliche von der Sache scheint aber dieses zu sein.

Alle wissenschaftlichen Thätigkeiten, welche sich in dem Gebiet Einer Sprache bilden, haben eine natürliche genaue Verwandschaft, vermöge deren sie näher unter sich, als mit irgend anderen zusammenhängen, und daher ein eignes gewissermaßen abgeschlossenes Ganzes in dem größeren Ganzen bilden. Denn was in Einer Sprache wissenschaftlich erzeugt und dargestellt ist, hat Theil an der besonderen Natur dieser Sprache; wenn es sich nicht ganz unmittelbar auf Erfahrungen und Verrichtungen bezieht die überall nothwendig dieselben sein müssen, wie im Gebiete der Mathematik und der experimentalen Naturlehre, so läßt es sich nicht genau eben so in eine andere Sprache übertragen, und bildet daher unter sich vermöge des Zusammenhanges mit der Sprache ein gleichartiges Ganzes. Für die Wissenden bleibt es allerdings eine nothwendige Aufgabe auch die Trennung zwischen diesen verschiedenen Gebieten wieder aufzuheben, die Schranken der Sprache zu durchbrechen, und was durch sie geschieden zu sein scheint vergleichend auf einander zurükzuführen; eine Aufgabe, in welcher vielleicht die wissenschaftliche Beschäftigung mit den Sprachen ihr höchstes Ziel findet. Allein diese Aufgabe ist offenbar für die Gemeinschaft des Wissens die höchste vielleicht nie aufzulösende, und eben dadurch bewährt sich nur desto mehr jene Absonderung als eine unumgängliche. Denken wir uns also auf allen Punkten aus freiem Triebe nach Erkenntniß wissenschaftliche Verbindungen entstehend, so werden sich diese zunächst so weit zu vereinigen streben als das Gebiet einer und derselben Sprache reicht. Dies wird der engste Bund sein, und jede darüber hinausgehende Gemeinschaft nur eine weitere.

Dem Staat aber leuchtet auch ein, daß Kenntnisse und sogar Wissenschaften etwas heilsames und trefliches sind. Wie groß oder klein er auch sei, wie recht oder unrecht er daran thue ein eigner sein zu wollen; er kann als solcher nur durch eine Masse von Kenntnissen bestehn, die sich möglichst der Totalität nähert, so wenigstens daß von allen Zweigen des Wissens einige Spur, einiges Bewußtsein in ihm vorkomme durch lebendigen Sinn, durch Nachfrage, durch williges Aufnehmen, wenn denn auch zu einer eigenthümlichen Art der Vollendung nur einiges in ihm gedeiht. Wenigstens ein anständiges und edles Leben giebt es für den Staat eben so wenig als für den Einzelnen, ohne mit der immer beschränkten Fertigkeit auf dem Gebiete des Wissens doch einen allgemeinen Sinn zu verbinden. Für alle diese Kenntnisse nun macht der Staat natürlich und nothwendig eben die Voraussezung wie der Einzelne, daß sie in der Wissenschaft müssen begründet sein, und nur durch sie recht können fortgepflanzt und vervollkommnet werden. Er sucht sich daher in einen lebendigen Zusammenhang zu sezen mit allen Bestrebungen, die zu dieser Vervollkommnung führen; er nimmt sich der Anstalten an, die er selbst müßte gestiftet haben, wenn er sie, nicht gefunden hätte; und da auch der wissenschaftliche Verein ein Bedürfniß hat vom Staate geschüzt und begünstiget zu werden, so werden beide ein Bestreben haben sich mit einander zu verständigen und zu einigen. Der Staat aber arbeitet nur für sich, er ist, wie er geschichtlich erscheint, durchaus zunächst selbstsüchtig, und will also auch die Unterstüzung, die er der Wissenschaft bietet, nicht über seine Grenzen hinaus wirksam sein lassen. Wenn nun der Staat das Gebiet seiner Sprache ganz erfüllt, so strebt auch die wissenschaftliche nähere Vereinigung nicht über seine Grenzen hinaus; und so geht die Verbindung zwischen beiden ohne allen Zwiespalt vor sich, schneller oder langsamer, je nachdem beide Theile lebendiger überzeugt sind, oder nur mangelhafter einsehen, wie sie einer des andern bedürfen, und was sie einander leisten können. Wenn aber der Staat dieses Gebiet nicht ausfüllt: so haben er und der wissenschaftliche Verein bei ihrer abzuschließenden Verbindung ein verschiedenes Interesse. Die wissenschaftlichen Männer wollen den Staat und seine Unterstüzungen nur gebrauchen, um in dem größeren Gebiet der Sprache recht kräftig wirken zu können zu ihrem Zwekke; die engeren Grenzen des Staates wollen sie nicht für die ihrigen anerkennen; und müssen sie ihm für seine Unterstüzungen Dienste leisten, so sehen sie diese nur als etwas untergeordnetes an. Die Regierungen hingegen sind nur um so mehr eifersüchtig auf einander, als sie einander näher stehen, und fürchten von der weiter strebenden wissenschaftlichen Verbindung Gleichgültigkeit für den Staat, oder gar Vorliebe für fremde Einrichtungen, und andere nachtheilige Einflüsse auf den Geist der Unterthanen; sie thun daher das mögliche um den näheren Verein auch der Gelehrten in den Grenzen des Staates eingeschränkt zu halten. Umgekehrt, wenn ein Staat das Gebiet mehrerer Sprachen umfaßte: so würde er alle Gelehrten in seinem Umfange einladen sich gleich nahe zu vereinigen und auch als solche ein Ganzes zu bilden. Diese aber würden offenbar zwei Partheien darstellen, jede Zunge würde die Begünstigung des Gewalthabers der anderen abzuringen suchen, und aufrichtige Verbrüderung würde nur unter denen statt finden die Eine Sprache reden. Daß es unnatürlich ist, wenn ein Staat sich über die Grenzen der Sprache hinaus vergrößern will, hat neuerlich ein großer Herrscher selbst behauptet, so daß man sich nur wundern muß, was doch für eine dringende Nothwendigkeit selbst ein so klares Bewußtseyn wie das seinige beherrschen konnte. Ob es eben so unnatürlich ist, wenn das Gebiet einer und derselben Sprache sich in so viele kleine Staaten zertheilt, als Deutschland erleidet, das sei dahingestellt. Wenigstens scheint es rathsam wenn sie in einer genauen Verbindung bleiben, und thöricht wenn jeder von ihnen seine wissenschaftlichen Einrichtungen abgeschlossen für sich besizen will. Denn nur äußerlich und erzwungen können diese ein Ganzes bilden, welches je kleiner der Staat desto lächerlicher werden wird, wenn es sich vollständig gestalten will; der Natur der Sache nach können sie immer nur Theile des weiter greifenden Vereins sein, und müssen sich, je mehr sie sich absondern wollen, um so mehr des wohlthätigen Einflusses der übrigen Theile und damit zugleich ihrer Nahrung und Gesundheit berauben. In der That wunderlicher und von dem was das gemeine Wohl erfordert entfernter kann wol nichts sein, als wenn ein deutscher Staat sich mit seinen wissenschaftlichen Bildungsanstalten einschließt. Vielmehr inniger sollte sich die Gemeinschaft, in welcher solche Staaten stehen müssen, nirgends aussprechen als in wissenschaftlichen Dingen; und wenn gar die natürliche Richtung dahin gehen sollte, daß sie eben so Eins würden, wie die Sprache immermehr Eine wird, wo gäbe es wol ein leichteres sichreres und natürlicheres Vorbereitungsmittel hiezu, als wenn auf dem wissenschaftlichen Gebiet, welches in so genauer Wechselwirkung sowol mit dem Staate als mit der Sprache steht, die vielseitigste treuste eifersuchtsloseste Gemeinschaft gestiftet würde, durch welche die innere Einheit des äußerlich getrennten recht klar zu Tage käme? und wodurch soll denn endlich klar und leidenschaftlos entschieden werden, wie lange diese Absonderung dauern, und wie weit sie gehen soll, als durch die möglichst weit verbreitete wissenschaftliche Bildung, welche die Besonnenheit erhält, von keinem einzelnen Interesse geblendet wird, und die kleinlichen Leidenschaften und Vorurtheile allmählig ausrottet?

Dennoch haben sich wenige von unsern vaterländischen Regierungen von allen Fehlern in dieser Hinsicht frei gehalten; sondern anstatt daß jede bei sich sollte gepflegt haben was sie konnte, und überall Regierung und Volk mitgenießend und benuzend froh und stolz gewesen sein über alles, was sich irgendwo im Umfang des deutschen Vaterlandes bildete, haben je länger je mehr zwei ganz entgegengesezte Maaßregeln überhand genommen. Einige

Regierungen nemlich wetteiferten mit einander darin, die ihnen untergebenen Bildungsanstalten zum Mittelpunkt alles wissenschaftlichen Verkehrs für ganz Deutschland zu machen, indem sie darauf bedacht waren, von weit umher alles was sich wissenschaftlich auszeichnet an sich zu ziehen, sollten auch andere Staaten dadurch in Dürftigkeit versezt werden. Wenn hiebei nur ein wahrer Wetteifer zum Grunde gelegen hätte, ja nicht hinter dem zurükbleiben zu wollen was man thun konnte; wenn dabei die gute Meinung gewesen wäre für die kleinern Staaten, die hierauf nicht zu viel verwenden konnten mit zu arbeiten, Anstalten für sie mit zu unterhalten, und Talente für sie mit zu belohnen: so wäre nicht viel dagegen zu sagen gewesen. Die Absicht war aber eigentlich zuerst, daß jeder Staat in Befriedigung seiner wissenschaftlichen Bedürfnisse sich unabhängig machen wollte von jedem andern, da doch die wahre Unabhängigkeit hierin nur die sein kann, wenn zu des gemeinschaftlichen Gutes Erhaltung und Vermehrung Jeder nach Verhältniß reichlich beiträgt, jenes aber nur eine hochmüthige verderbliche Prahlerei ist. Dann wollte man auch durch geistiges Uebergewicht dem Staate Macht und Ansehn verschaffen über sein eigentliches Gebiet hinaus. Dies ist freilich die friedlichste und schönste Art der Eroberung; aber der Wissenschaft kann es leicht gefährlich werden, wenn das bloße Geld den Gelehrten zur Lokspeise gemacht wird. Und werden diese Eroberungen im Mißverhältniß mit der natürlichen Wichtigkeit des Staates oder in einem kleinlichen Stile betrieben: so ist das überhaupt lächerlich oder krankhaft. Die andere Maaßregel ist die wissenschaftliche Sperre, wenn nemlich die Regierungen das wissenschaftliche Verkehr mit dem Auslande beschränken oder aufheben, und ihre Bürger hindern auf jede Art wie sie es wünschen an den wissenschaftlichen Bemühungen benachbarter Staaten Theil zu nehmen. Geschieht dies, wo die Kirche den Staat beherrscht, wie bis neuerlich größtentheils im katholischen Deutschland: so ist das ein bedauernswürdiger Beweis eines finstern Zustandes. Versucht diese Sperre ein mäßiger Staat, der von größeren umgeben ist, und fühlt, daß er sich auf alle Weise anstrengen und alle Mittel zu Hülfe nehmen muß um seine Selbstständigkeit so lange als möglich gegen sie zu behaupten: so ist zu beklagen daß man sich so gewaltig verrechnen kann bei so löblicher Absicht, indem doch geistige Beschränktheit, die aus solcher Absonderung entstehen muß, niemals die Selbstständigkeit sichern oder vermehren kann. Wenn aber gar ein selbst mächtiger Staat, und der auch jenes Erobern mit Erfolg betreibt, wenig zufrieden mit dem was er in diesem Fache schon geleistet hat, bis er das Fehlende ersezen kann, auch noch die Sperre verordnet: so ist das offenbar ein Hochmuth, eine Illiberalität, eine niedrige und geldsüchtige Oekonomie, die auch auf die Absicht jener Eroberungen ein noch nachtheiligeres Licht wirft, und mehr als irgend etwas eine solche Regierung bei allen Gebildeten der Nation verhaßt machen muß.

Allein in einem noch wesentlicheren Punkte pflegt der Staat, indem er sich der wissenschaftlichen Anstalten annimmt, von der Art, wie sie müssen geleitet und geordnet werden, eine ganz andere Ansicht zu haben, als die Gelehrten, welche zum Behuf der Wissenschaft selbst näher unter sich verbunden sind. Beide Theile würden gewiß sehr einig sein, wenn der Staat von den Foderungen eines alten Weisen, wenn auch nicht die erste, daß die Wissenden herrschen sollen, doch die zweite, daß die Herrschenden wissen sollen, recht wollte gelten lassen in ihrem vollen Sinne. Die Staatsmänner, auch diejenigen, welche das gemeine Wesen am meisten fortbilden, erscheinen sich und Anderen mehr den Künstlern ähnlich, als daß sie wissenschaftlich zu Werke gingen, indem sie den Staat handhaben. Glücklich ahndend, das Rechte herausfühlend, bringen sie unbewußt hervor, und gestalten mit geschikter Hand nach einem ihnen einwohnenden Urbilde, wie jeder Künstler nach dem seinigen. Das ist leicht zu erkennen, und aufrichtig zu loben, und so herrschen sie allerdings nicht als Wissende. Aber daß dieser künstlerische Sinn doch bei denen am gebildetsten und richtigsten sein wird, welche entweder selbst die Thatsachen und Erfahrungen wissenschaftlich anzusehn verstehn, oder wenigstens Darstellungen derselben, die diesen Endzwekk haben, zu benuzen; daß der Staatsmann, wie Jeder der künstlerisch etwas hervorbringt, aus dem Schaze der Wissenschaft mittelbar oder unmittelbar für seine Kunst schöpfen muß, wie gewiß auch er ihn seinerseits durch seine Werke wiederum bereichert; daß wahre Verbesserungen in allen Zweigen der Staatsverwaltung nur um so sicherer eingeleitet werden und gedeihen können, als die Herrschenden und soviel möglich auch die Beherrschten die wahre Idee des Staates überhaupt sowol, als auch dieses bestimmten richtig aufgefaßt haben, und mit dem

Bewußtsein derselben Beispiele aus dem ganzen Gebiet der Geschichte zu benuzen wissen, und daß also auf jede Weise wahrhaft gewußt werden muß, wenn gut geherrscht werden soll: dies sollte wenigstens um so mehr anerkannt werden, da schon die Erfahrung zeigt, daß wenn man sich auf irgend einem Gebiet von dieser Einsicht entfernt, in demselben entweder ein tumultuarischer anarchischer Zustand sich bildet, wie im ehemaligen Polen und in manchem anderen Reiche, welches bei vielen Kenntnissen nur gar wenig Wissenschaft besizt, oder auch ein Kastenwesen entsteht, eine ärmliche Empirie, die sich streng und ängstlich an die Tradition anschließt, im offenbaren Mißverhältniß mit andern besser geleiteten und daher fortschreitenden Zweigen. Allein eben dies wird doch oft gar nicht anerkannt, sondern vielmehr der Einfluß, den die Wissenschaft auf den Staat zu gewinnen sucht, gehaßt und gefürchtet. Der Staat ist alsdann natürlich nur von dem unmittelbaren Nuzen der Kenntnisse überzeugt und ergriffen. Ausgebreitete Bekanntschaft mit Thatsachen Erscheinungen und Erfolgen aller Art sucht er zu begünstigen, und wenn er sich der wissenschaftlichen Anstalten annimmt, sie vorzüglich hierauf zu lenken. Denjenigen hingegen, welche sich zum Behuf der Wissenschaft freiwillig vereinigen, kommt es auf ganz etwas anderes an, als allein auf die Masse der Kenntnisse. Was sie vereiniget ist das Bewußtsein von der nothwendigen Einheit alles Wissens, von den Gesezen und Bedingungen seines Entstehens, von der Form und dem Gepräge wodurch eigentlich jede Wahrnehmung, jeder Gedanke, ein eigentliches Wissen ist. Und eben dieses Bewußtsein suchen sie vornemlich zu erwekken und zu verbreiten, durch welches allein auch in allen Kenntnissen und in jeder Erweiterung derselben die Wahrheit und die Sicherheit kann erhalten werden. Darum arbeiten sie überall schon bei einer mäßigen Summe von Kenntnissen darauf hin, ihnen diesen wissenschaftlichen Charakter zu geben. Wo nur erst das nothdürftigste über einen Gegenstand in Erfahrung gebracht ist, ziehn sie ihn in das Gebiet der Wissenschaft, suchen die Einheit darin auf, aus welcher alles mannigfaltige begreiflich wird, trachten das Ganze in jedem Einzelnen zu sehen, und wiederum jedes Einzelne nur im Ganzen. So auch jeden Menschen, den sie sich ähnlich bilden wollen, führen sie, auch nur mäßig ausgerüstet, gleich auf diesen Hauptpunkt wissenschaftlicher Einheit und Form, üben ihn in dieser Art zu sehen, und lassen ihn nur, nachdem er sich so festgesezt hat, noch tiefer in das Einzelne hineingehn, weil er alles wirklich wissen soll im strengeren Sinn, und sonst alles Anhäufen einzelner Kenntnisse nur ein unsicheres Umhertappen wäre, was immer nur in Bezug auf eine bessere Behandlung einen vorläufigen Werth haben könnte. Der Staat hingegen verkennt nur zu leicht den Werth dieses Bestrebens, und je lauter sich die Speculation — so wollen wir immer nennen, was sich von wissenschaftlichen Beschäftigungen überwiegend nur auf die Einheit und die gemeinschaftliche Form alles Wissens bezieht — je lauter sich diese gebehrdet, desto mehr sucht der Staat sie zu beschränken, und allen seinen Einfluß, den aufmunternden und den einengenden, dazu zu gebrauchen, daß die realen Kenntnisse, die Massen des wirklich ausgemittelten, auch ohne Hinsicht darauf ob jenes Gepräge der Wissenschaft ihnen aufgedrückt ist oder nicht, allein gefördert werden, und als die einzig ächten Früchte alles auf Erkenntniß gehenden Bestrebens erscheinen. Dieser Richtung nun muß der wissenschaftliche Verein nothwendig entgegenstreben, und die edleren Mitglieder desselben werden daher immer darnach trachten, sich möglichst zur Unabhängigkeit vom Staat heraufzuarbeiten, indem sie theils ihre Vereinigung der Gewalt und Anordnung des Staates zu entziehen, theils ihren eigenen Einfluß auf denselben zu erhöhen suchen. Wo möglich flößen sie dem Staate eine würdigere und wissenschaftlichere Denkungsart ein; wo aber nicht, so suchen sie wenigstens sich selbst je länger je mehr Glauben und Ansehn zu verschaffen. Jemehr aber die wissenschaftlich Gebildeten so in den Staat verflochten sind, daß das wissenschaftliche bei ihnen vom politischen überwogen wird, und nicht zum klaren Bewußtsein kommt, desto eher werden sie sich diesen Eingriffen des Staates fügen; und je genauer sich in diesem Sinn beide Theile verbinden, um desto mehr isolirt sich ein solcher Theil des größeren wissenschaftlichen Nationalvereins von allen übrigen, die ihre eigenthümlichen Principien fester halten, und sinkt zu einer bloßen Veranstaltung für den Gebrauch des Staates herab. Vorzüglich wo der Staat schon das gesammte Gebiet der Sprache zu Einem Ganzen verbunden hat, und also sehr mächtig und glänzend ist, schlägt dieser Kampf gewöhnlich zum Nachtheil der Wissenschaft aus. Und wenn man dem entgegengesezten Zustand einige Vorzüge zugestehen will, so ist gewiß dies keiner der geringsten, daß alsdann der Staat wenigstens in dieser Hinsicht die Wissenschaft freier gewähren läßt, wäre es auch nur um sich mit ihr zu schmükken.

Auf dasjenige, was in dieser Darstellung flüchtig hingeworfen ist, werden wir öfters zurükweisen müssen; denn ohne die vornehmsten Momente dieser Gegenwirkungen zwischen Staat und Wissenschaft im Auge zu haben, ist es nicht möglich, die äußeren Schiksale der lezteren zu begreifen, oder wenn eine bestimmte Aufgabe gelöset werden soll, einen, dem jedesmaligen Verhältniß zwischen Staat und Wissenschaft angemessenen Gang einzuschlagen. Am wenigsten aber kann man sonst verstehen, warum der Staat die Universitäten grade so, wie wir sehen, zu behandeln pflegt, und warum diese so sehr nach der Unabhängigkeit von ihm trachten, und es als die vortheilhafteste Lage ansehn, wenn sich der Staat in ihre Verwaltung wenigst möglich einmischt. Doch wir müssen zuerst sehen, welchen Plaz eigentlich die Universitäten einnehmen in dem wissenschaftlichen Verein, und welches ihr vorzüglichstes Geschäfte ist.

2.

Von Schulen, Universitäten und Akademien.

Unter Akademien werden hier, was man gelehrte Gesellschaften nennt, von aller Art verstanden, und die Verbindung in welcher sie unter einander stehen sollten, und innerlich gewiß auch stehen. Von Schulen aber denken wir hier nur an diejenigen, die man wenigstens ansehn kann als wären sie unmittelbar aus dem Bedürfniß und Trieb nach Erkenntniß entstanden, also nur die gelehrten, deren Vorsteher nothwendig vollkommen wissenschaftlich gebildete Männer sein müssen, und in denen Kenntnisse mitgetheilt werden, die unmittelbar in das Gebiet der Wissenschaft fallen.

Alsdann sind dieses die drei Hauptformen, in welche sich jezt alle Vereinigungen zum Betrieb der Wissenschaften gestalten. Sie kommen zwar überall im neueren Europa vor; aber auch deshalb könnte man wol Deutschland als den Mittelpunkt der Bildung ansehn, weil in anderen Ländern zwar einzelne dieser Formen, Schulen besonders und Akademien, in einem größeren Styl vorkommen, alle drei neben einander aber nirgends so rein heraustreten als bei uns. Auch könnte man wol sagen, der ganze Typus der sich darin zeigt, sei ursprünglich deutsch, und schließe sich genau der Bildung anderer auch aus Deutschland hervorgegangener Verhältnisse an. Die Schule als das Zusammensein der Meister mit den Lehrburschen, die Universität mit den Gesellen, und die Akademie als Versammlung der Meister unter sich. Doch für die Meisten, die von einer tiefen Verachtung für alles Zunftwesen durchdrungen sind, heißt dies wol wenigstens das was erst beschrieben werden soll, durch dunkleres erläutern, wo nicht gar die wissenschaftlichen Anstalten herabwürdigen durch Gleichsezung mit diesen verschrienen Formen, denen aber doch auch gar viel Schönes zum Grunde liegt. Betrachten wir also diese drei Verbindungen, Schule, Universität und Akademie lieber für sich, und fragen, was doch jede bedeutet, und wie sie unter sich zusammenhängen. Denn ohne sie alle drei verstanden zu haben, möchte es uns schwerlich gelingen über das Wesen und die zwekmäßige Einrichtung der einen, auf die es uns ankommt, einig zu werden.

Die Wissenschaft, wie sie in der Gesammtheit der gebildeten Völker als ihr gemeinschaftliches Werk und Besizthum vorhanden ist, soll den Einzelnen zur Erkenntniß hinanbilden, und der Einzelne soll auch wiederum an seinem Theil die Wissenschaft weiter bilden. Dies sind die beiden Verrichtungen auf welche alles gemeinschaftliche Thun auf diesem Gebiet hinausläuft. Man sieht leicht, wie die erste von ihnen in der Schule ganz die Oberhand hat und in der Akademie dagegen die andere. Die Schulen sind durchaus gymnastisch, die Kräfte übend, und besitzen ihren fremden Namen mit Recht. Den Knaben von besserer Natur und hervorstechenden Gaben, welche die Vermuthung erregen, er könne für die Wissenschaft empfänglich sein, oder wenigstens eine Masse von Kenntnissen vortheilhaft verarbeiten, diesen übernehmen sie, und versuchen auf alle Weise, ob dem wirklich also sei. Zweierlei aber ist, woran sich zeigen muß, ob ein Mensch für diese höhere Bildung sich eigne, auf der einen Seite ein bestimmtes Talent, welches ihn an ein einzelnes Feld der Erkenntniß fesselt, auf der andern der allgemeine Sinn für die Einheit und den durchgängigen Zusammenhang alles Wissens, der systematisch philosophische Geist. Zusammentreffen muß beides, wenn der Mensch sich zu etwas ausgezeichnetem bilden soll. Auch das entschiedenste Talent wird ohne diesen Geist keine Selbstständigkeit haben, und nicht weiter gedeihen können, als daß es ein tüchtiges Organ wird für Andere, die das wissenschaftliche Princip in sich haben. Und der systematische Geist ohne ein bestimmtes Talent wird sich mit seinen Productionen in einem sehr engen Kreise herumdrehen, und sich in wunderlichen Auswüchsen Wiederholungen und Umbildungen immer des nemlichen höchst allgemeinen erschöpfen, weil er eben keines Stoffes recht Meister ist.

Dies hindert aber nicht, daß nicht auch bei der Vereinigung beider, bei Einigen das Talent hervorherrsche, bei Andern der allgemeine wissenschaftliche Geist. Beides aber bedarf, wo es nicht in einem ganz ausgezeichneten Grade vorhanden ist, um erwekt und ans Licht gebracht zu werden, bald mehr bald minder eines absichtlich angebrachten Reizes, einer kunstmäßigen Behandlung. Und so muß die Schule auf beides wirken. Sie muß elementarisch auf der einen Seite den gesammten Inhalt des Wissens in bedeutenden Umrissen vorführen, so daß jedes schlummernde Talent zu seinem Gegenstande sich kann angelokkt fühlen, und muß auf der andern dasjenige besonders herausheben und mit vorzüglichem Fleiß behandeln, worin die wissenschaftliche Form der Einheit und des Zusammenhanges am frühsten kann deutlich angeschaut werden, und was aus demselben Grunde zugleich das allgemeine Hülfsmittel alles andern Wissens ist. Aus dieser Ursache sind mit Recht Grammatik und Mathematik die Hauptgegenstände auf Schulen, ich möchte sagen die einzigen, die mit einem Anklang von Wissenschaftlichkeit können vorgetragen werden. Zugleich muß aber auch die Schule methodisch alle geistigen Kräfte so üben, daß sie bestimmt auseinander treten und ihre verschiedenen Functionen klar eingesehen werden, und sie so stärken, daß jede sich eines gegebenen Gegenstandes mit Leichtigkeit ganz bemächtigen kann. Dies vereinigt durch die einfachsten und sichersten Operationen zu bewirken, ist das Ziel der Schulen. Gewiß wird keine auch bei der besten Einrichtung und Leitung dies alles in gleicher Vollkommenheit leisten, sondern die eine mehr in diesem, die andere mehr in jenem Theile sich Vorzüge erwerben. Aber nur um desto nöthiger wird es sein, daß man überall den Gesammtzwekk vor Augen behalte, damit jede auf dem Wege zu der ihr angemessenen Virtuosität sich vor verderblicher Einseitigkeit bewahren könne; und desto mehr ist eine höchste allgemeine Leitung zu wünschen, um von jeder solchen Anstalt ganz den Nuzen für das wissenschaftliche Gebiet zu ziehen, den sie gewähren kann.

In der Akademie hingegen finden sich die Meister der Wissenschaft vereinigt; und wenn nicht Alle auf gleiche Weise Mitglieder derselben sein können, so sollen wenigstens Alle durch sie repräsentirt werden, und zwischen den Mitgliedern und den übrigen des Namens würdigen Gelehrten ein solcher lebendiger Zusammenhang statt finden, daß die Arbeiten der Akademie wirklich als das Gesammtwerk ihrer aller können angesehen werden. Jeder muß darnach streben, dieser Verbindung anzugehören, weil das Talent, was Einer in sich ausgebildet hat, ohne die Ergänzung der übrigen doch nichts wäre für die Wissenschaft. Darum bilden Alle ein Ganzes, weil sie sich Eins fühlen durch den lebendigen Sinn und Eifer für die Sache des Erkennens überhaupt, und durch die Einsicht in den nothwendigen Zusammenhang aller Theile des Wissens; eben darum aber sondern sie sich auch wieder in verschiedene Abtheilungen, weil jeder Zweig des Wissens einer noch engern Vereinigung bedarf, um gründlich und zweckmäßig bearbeitet zu werden. Je feiner diese Verzweigung sich vervielfältiget und je lebendiger dabei die Einheit des Ganzen bleibt, ohne sich in eine leere Form zu verlieren, so daß in jedem Einzelnen die Theilnahme an den Fortschritten des Ganzen und der Eifer für sein besonderes Fach einander gegenseitig beleben, und also die engste Gemeinschaft zwischen den verschiedenen Theilen der Wissenschaft in dem Schooß der Akademie auf das leichteste unterhalten wird; um desto vollkommner ist die Einrichtung des Ganzen.

Wie viele Akademien nach dieser Idee Deutschland wol haben sollte? Eine höchstens oder zwei, eine nördliche und eine südliche, die aber auch in der innigsten Verbindung stehn, und überall, theils wo ein natürlicher Zusammenfluß von Gelehrten aller Art entstünde, theils wo ein Ort für ein besonderes wissenschaftliches Gebiet sich vorzüglich eignete, ihre Töchter haben müßten. So lange eine solche Vereinigung, nach welcher der Natur der Sache wegen alles strebt, noch nicht erfolgt ist, können sich also unsere zerstreuten gelehrten Gesellschaften nur als Bruchstükke ansehn, und nur durch das lebhafteste Verkehr unter einander sich ihr Daseyn bis zu diesem Zeitpunkt, der vielleicht nicht mehr fern ist, erhalten.

Mit dieser Ansicht von Schulen und Akademien stimmt auch das ganze Verfahren dieser Anstalten zusammen. Die Schulen geben in den öffentlichen Prüfungen eine Ausstellung, die ganz gymnastisch ist, und nur zeigen kann, wie weit die intellectuellen Kräfte für das Wissen geübt sind. Literarische Productionen aber kommen ihnen als solchen gar nicht zu, weil nichts öffentlich erscheinen soll, was nicht die Wissenschaft weiter fördert. Darum sieht man auch immer den Programmen oder Einladungsschriften der Vorsteher das Mißverhältniß an, indem sie entweder gar nicht verdienen aufgestellt zu werden, oder wenn das, sich für das Publicum nicht eignen, welches sie doch zunächst in Anspruch nehmen. Daher in vieler Hinsicht ein vortrefliches Zeichen für eine Schule ist, wenn dergleichen gar nicht von ihr gefertiget werden. Dagegen fordert man von jeder Akademie, daß sie Werke hervorbringt, nemlich nicht große, das Ganze umfassende oder gar revolutionäre Bücher, sondern Sammlungen von Aufsätzen, welche einzelne noch unerforschte Gegenstände beleuchten, eigene Entdekkungen darlegen, neuerfundene Methoden ans Licht bringen oder prüfen. Denn so durch viele kleine Beiträge die Wissenschaften, welche schon Umfang und Sicherheit in gewissem Maaß gewonnen haben, zu fördern, das ist die Sache der Akademie; und je mehr

Gehalt und Zusammenstimmung sich in ihren Werken zeigt, um desto mehr Verdienst wird man ihr zuschreiben. In demselbigen Sinne läßt auch die Akademie Aufgaben zur Auflösung ergehen, theils um sich für einzelne Fälle, wo der Versuche nicht genug gemacht werden können, oder wo Untersuchungen erforderlich sind, die sich nicht an jedem Ort anstellen lassen, auch außerhalb ihrer Mitte Hülfe zu verschaffen — daher mit Recht die eigentlichen Mitglieder ausgeschlossen sind von der Preisbewerbung — theils auch um auszuspüren, wer, noch nicht zu ihr gehörend, sich mit wissenschaftlichen Gegenständen aus einzelnen Gebieten ernsthaft und erfolgreich beschäftiget, damit sie sich aus diesen von Zeit zu Zeit würdige Genossen aneignen könne.

Was ist nun aber die Universität zwischen beiden, der Schule und der Akademie? Man könnte denken, daß diese beiden sich in alle wissenschaftlichen Verrichtungen theilten, und jene ganz überflüssig wäre zwischen ihnen. So urtheilen auch gewiß Manche unter uns, schwerlich mit ächt deutschem Sinn; denn diese Ansicht ist ja die herrschende eines anderen Volkes, welchem, je mehr es sich in sich selbst consolidirte, um so mehr alles ausgegangen ist was einer Universität ähnlich sieht, und nichts übrig geblieben als Schulen und Akademien in unzähliger Menge und in den mannigfaltigsten Formen. Allein man übersieht hiebei offenbar einen sehr wesentlichen Punkt. Die Schulen beschäftigten sich nur mit Kenntnissen als solchen; die Einsicht in die Natur der Erkenntniß überhaupt, den wissenschaftlichen Geist, das Vermögen der Erfindung und der eigenen Combination suchen sie nur vorbereitend anzuregen, ausgebildet aber wird dies alles nicht in ihnen. Die Akademien aber müssen dies alles bei ihren Mitgliedern voraussezen; nur von einem gemeinschaftlichen Mittelpunkt aus, und durch das Bewußtsein desselben — das spricht ihre ganze Organisation aus, wenn sie auch keine Veranlassung finden es ausdrücklich zu erklären — wollen sie die Wissenschaften fördern; auch kann dies nur so auf eine übereinstimmende Weise geschehen. Wie leer müßten die Werke einer Akademie sein, wenn sie überall bloße Empirie triebe, und an keine Principien in jeder Wissenschaft glaubte! Wie leer wäre der ganze Gedanke einer gemeinschaftlichen Beförderung aller Wissenschaften, wenn diese Principien nicht wiederum zusammenstimmten und Ein Ganzes bildeten! und wie jämmerlich die Ausführung, wenn etwa die Mitglieder über alle diese Principien uneins wären! Offenbar also wird vorausgesezt, jedes Mitglied einer Akademie sei über die philosphischen Principien seiner Wissenschaft mit sich selbst und den übrigen verstanden, jedes behandle sein Fach mit philosophischem Geist, und eben dieser in Allen sich ähnliche Geist in seiner Vermählung mit dem jedem Einzelnen eigenthümlichen Talent mache nur Jeden zu einem wahren Gliede der Vereinigung. Soll dieser Geist dem Menschen von ohngefähr kommen im Schlaf? soll nur das wissenschaftliche Leben aus dem Nichts entstehen, nicht wie jedes andere durch Erzeugung? soll nur dieses in seinen ersten zarten Aeußerungen keiner Pflege bedürfen, und keiner Erziehung? Hier also liegt das Wesen der Universität. Diese Erzeugung und Erziehung liegt ihr ob, und damit bildet sie den Uebergangspunkt zwischen der Zeit, wo durch eine Grundlage von Kenntnissen, durch eigentliches Lernen die Jugend erst bearbeitet wird für die Wissenschaft, und der, wo der Mann in der vollen Kraft und Fülle des wissenschaftlichen Lebens nun selbst forschend das Gebiet der Erkenntniß erweitert oder schöner anbaut. Die Universität hat es also vorzüglich mit der Einleitung eines Prozesses, mit

der

der Aufsicht über seine ersten Entwikkelungen zu thun. Aber nichts geringeres ist dies als ein ganz neuer geistiger Lebensprozeß. Die Idee der Wissenschaft in den edleren, mit Kenntnissen mancher Art schon ausgerüsteten Jünglingen zu erwekken, ihr zur Herrschaft über sie zu verhelfen auf demjenigen Gebiet der Erkenntniß, dem jeder sich besonders widmen will, so daß es ihnen zur Natur werde, alles aus dem Gesichtspunkt der Wissenschaft zu betrachten, alles Einzelne nicht für sich, sondern in seinen nächsten wissenschaftlichen Verbindungen anzuschauen, und in einen großen Zusammenhang einzutragen in beständiger Beziehung auf die Einheit und Allheit der Erkenntniß, daß sie lernen in jedem Denken sich der Grundgesetze der Wissenschaft bewußt zu werden, und eben dadurch das Vermögen selbst zu forschen zu erfinden und darzustellen, allmählig in sich herausarbeiten, dies ist das Geschäft der Universität. Hierauf deutet auch dieser ihr eigentlicher Name, weil eben hier nicht nur mehrere, wären es auch andere und höhere, Kenntnisse sollen eingesammelt, sondern die Gesamtheit der Erkenntniß soll dargestellt werden, indem man die Principien und gleichsam den Grundriß alles Wissens auf solche Art zur Anschauung bringt, daß daraus die Fähigkeit entsteht, sich in jedes Gebiet des Wissens hineinzuarbeiten. Hieraus erklärt sich die kürzere Zeit, welche jeder auf der Universität zubringt als auf der Schule; nicht als ob nicht um Alles zu lernen mehr Zeit erfordert würde, sondern weil man das Lernen des Lernens wol abmachen kann in kürzerer; weil eigentlich was auf der Universität verlebt wird, nur Ein Moment ist, nur ein Act vollbracht wird, daß nemlich die Idee des Erkennens, das höchste Bewußtsein der Vernunft, als ein leitendes Prinzip in dem Menschen aufwacht. Hierauf weisen alle Eigenthümlichkeiten hin, welche die Universität von der Schule auf der einen, von der Akademie auf der andern Seite unterscheiden. Auf der Schule geht man nach den Gesezen des leichtesten Fortschrittes von einem Einzelnen zum Andern über, und ist wenig bekümmert darum, ob Jeder überall etwas Ganzes vollende. Auf der Universität dagegen ist man hierauf so sehr bedacht, daß man in jedem Gebiet das Encyclopädische, die allgemeine Uebersicht des Umfanges und des Zusammenhanges als das nothwendigste voranschikt, und zur Grundlage des gesammten Unterrichts macht. Und die Hauptwerke der Universität als solcher sind Lehrbücher, Compendien, deren Endzwekk nicht ist die Wissenschaft im Einzelnen zu erschöpfen oder zu bereichern, wo auch weder das leichteste noch das schwerste noch das seltenste den Vorzug genießt bei der Auswahl, sondern deren Verdienst in der höhern Ansicht, in der systematischen Darstellung besteht, und welche dasjenige am meisten herausheben, worin sich am faßlichsten die Idee des Ganzen darstellt, und wodurch Umfang und innere Verbindung desselben am anschaulichsten wird. Ferner in den Akademien kommt alles darauf an, daß das Einzelne vollkommen richtig und genau herausgearbeitet werde im Gebiet aller realen Wissenschaften; dagegen die reine Philosophie, die Speculation, die Beschäftigung mit der Einheit und dem Zusammenhang aller Erkenntnisse und mit der Natur des Erkennens selbst durchaus zurücktritt. Gewiß nicht als etwas für das reale Wissen geringfügiges, oder gar an sich verwerfliches und nichtiges. Denn, wie man sich auch anstelle, alles einzelne Wissen ruht doch immer auf jenem Allgemeinen; es giebt kein wissenschaftlich hervorbringendes Vermögen ohne speculativen Geist, und beides hängt so zusammen, daß wer keine bestimmte philosophische Denkungsart sich gebildet hat, auch nichts tüchtiges und merkwürdiges wissenschaftlich selbstständig hervorbringen wird, sondern er wird immer, bewußt oder unbewußt, auch da, wo er durch einen wunderbaren Instinkt erfindet, von einer speculativen Richtung der Vernunft abhängen, die sich vielleicht nur in Andern deutlich offenbart. Auch wird eines Jeden philosophische Denkungsart sich in der Sprache, in der Methode, in der Darstellung, bei jedem wissenschaftlichen Werke aussprechen. Sondern deswegen tritt die Philosophie hier zurükk, weil, wenn auf akademische Weise die Wissenschaften gemeinschaftlich sollen gefördert werden, alles rein philosophische schon so maß in Richtigkeit gebracht sein, daß fast nichts mehr darüber zu sagen ist. Diese Voraussezung scheint freilich bisher nirgends unter uns vollkommen begründet gewesen zu sein, und man würde vielleicht nicht zu viel einräumen, wenn man gestände, eine solche völlige Einigung und Befriedigung in Sachen der Philosophie könne sogar unter Einem Volk, wenn es ihm wirklich Ernst ist mit der Sache, nie als wirklich vollendet gegeben sein, sondern nur durch eine immer fortschreitende Annäherung und Verständigung. Allein jede Akademie macht dennoch diese Voraussezung nothwendig, wenigstens in so fern, daß es ihr natürlich ist, dasjenige, was in dieser Hinsicht schon geschehen ist, als die Hauptsache anzusehn, und was noch übrig ist, als das kleinere. Eine speculative Abtheilung kann sie eigentlich nur in dem Sinne haben, daß sie, vorausſezend, es gebe unter Einem Volke nur Eine philosophische Denkungsart, die Einerleiheit dessen, was zu verschiedenen Zeiten verschieden ausgedrükt worden ist, darstellt, die in einer und derselben Zeit gegen einander tretenden Differenzen beleuchtet, was sich philosophisch geberdet und doch nur Polemik gegen die Philosophie ist, in seiner Blöße zeigt, kurz durch historische und kritische Behandlung des auf diesem Gebiete vorhandenen jene Annäherung und Selbstverständigung der Nation befördert. Selbst hervorzubringen aber und neue Wege einzuschlagen auf dem Gebiete der eigentlichen Philosophie, dies scheint der Akademie weniger zuzukommen. Dagegen ist für die Universität allgemein anerkannt der philosophische Unterricht die Grundlage von allem was dort getrieben wird; und weil eben diese höchsten Ansichten vorzüglich mitgetheilt werden sollen, und zwar auf die individuellste Weise, so müssen sie auch in ihrer Differenz von allem, was gleichartiges neben ihnen besteht, dargestellt werden, daher auf und zwischen Universitäten vorzüglich die philosophischen Streitigkeiten ihren Plaz haben, und auf ihnen vornemlich die philosophischen Schulen sich bilden.

So ist die Universität in Absicht ihres Hauptzwekkes etwas ganz eigenthümliches von Schule und Akademie gleich wesentlich verschiedenes; allein äusserlich, das will nicht sagen zufällig, sondern so wie es für jedes Innere nothwendig ein Aeußeres giebt, äußerlich hat sie eben so nothwendig etwas ähnliches von beiden; sonst würde es auch wunderliche Sprünge geben in dem wissenschaftlichen Leben der einzelnen Menschen. Der wissenschaftliche Geist als das höchste Prinzip, die unmittelbare Einheit aller Erkenntniß kann nicht etwa für sich allein hingestellt und aufgezeigt werden in bloßer Transcendentalphilosophie, gespensterartig, wie leider Manche versucht und Spuk und unheimliches Wesen damit getrieben haben. Leerer läßt sich wol nichts denken, als eine Philosophie, die sich so rein auszieht, und wartet, daß das reale Wissen, als ein niederes, ganz anders woher soll gegeben oder genommen werden; und vergeblicher für die Wissenschaft würde wol nichts die Jünglinge in den schönsten Jahren vorzüglich beschäftigen, als eine Philosophie, die keine bestimmte Leitung für das künftige wissenschaftliche Leben in allen Fächern gäbe, sondern höchstens diente den Kopf aufzuräumen, was man ja schon an der gemeinen Mathematik rühmt. Sondern nur in ihrem lebendigen Einfluß auf alles Wissen läßt sich die Philosophie, nur mit seinem Leibe, dem realen Wissen zugleich läßt dieser Geist sich darstellen und auffassen. Daher werden auf der Universität auch Kenntnisse mitgetheilt, höhere zum Theil und andere, die in dem Plan der Schule gar nicht lagen. In so fern entsteht also Zulernen, und die Universität ist zugleich Nachschule. Eben so ist sie auch Vorakademie. Der wissenschaftliche Geist, der durch den philosophischen Unterricht geweckt ist, und durch Wiederanschauung des vorher schon erlernten aus einem höheren Standpunkt sich befestiget und zur Klarheit kommt, muß seiner Natur nach auch gleich seine Kräfte versuchen und üben, indem er von dem Mittelpunkt aus sich tiefer in das Einzelne hineinbegiebt, um zu forschen, zu verbinden, eignes hervorzubringen und durch dessen Richtigkeit die erlangte Einsicht in die Natur und den Zusammenhang alles Wissens zu bewähren. Dies ist der Sinn der wissenschaftlichen Seminarien und der praktischen Anstalten auf der Universität, welche alle durchaus akademischer Natur sind. Daher auch beide Benennungen wieder in die Universität hineinspielen, und sie oft hohe Schule genannt wird, und dann wieder Akademie. Daher es Unverstand ist, zu behaupten, Universitäten dürften solche Anstalten nicht haben, weil sie nur für Akademien gehörten.

Dies scheint im Wesentlichen, wie aus der Betrachtung ihrer Hauptzüge hervorgeht, das Verhältniß jener drei verschiedenen Anstalten zu dem gemeinschaftlichen Zwekke zu sein; und in der That, wenn sie wohl eingerichtet sind und recht in einander greifen, so scheint gar nichts zu fehlen, sondern dieser Zwekk vollständig durch sie erreicht werden zu müssen. Um desto verderblicher aber muß es auch sein, wenn sie ihr Gebiet und ihre Grenzen verkennen. Verderblich, wenn die Schulen sich hinauf versteigen wollen und spielen mit philosophischem Unterricht, um vorzuspiegeln, als sei es nur ein leerer Schein mit dem wesentlichen Unterschiede zwischen ihnen und den Universitäten. Denn nicht sicherer können die Zöglinge verdorben werden für leztere, und für das wissenschaftliche Leben überhaupt, als wenn man sie anleitet, auch die höchste Wissenschaft, die nur Geist und Leben sein kann, und sich sehr wenig äußerlich gestaltet, nur so anzusehen wie eine Summe einzelner Säze und

Angaben, die man eben so erwerben und besizen kann wie andere Schulkenntnisse. Verderblich, wenn die Universitäten ihrerseits jenes Vorgeben wahr machen, und in der That nur fortgesezte Schulen werden, indem sie zwar voreiligerweise Akademien vorstellen und vollendete Gelehrte treibhäuslich bei sich ausbilden wollen durch immer tieferes Hineinführen in das Detail der Wissenschaften, dabei aber, was ihnen eigentlich obliegt, nemlich den allgemeinen wissenschaftlichen Geist zu wekken und ihm eine bestimmte Richtung zu geben, darüber vernachlässigen. Verderblich, wenn die Akademien von Partheigeist ergriffen sich in speculative Streitigkeiten einlassen, oder eben so verderblich, wenn sie in ein nicht allzuwol begründetes reales Wissen eingehüllt, hochmüthig herabsehend auf jene Zwistigkeiten, denen etwa die Lebhaftigkeit der mittheilenden Begeisterung den Anschein des Leidenschaftlichen giebt, sich wenig darum kümmern, ob diejenigen, die sie zur Bereicherung der Wissenschaften unter sich aufnehmen, durch diese speculativen Untersuchungen hindurchgegangen sind oder nicht.

Woher aber diese Mißverständnisse so häufig? Gewiß großentheils aus Mangel an inniger Einheit in allem was für die Wissenschaft und durch sie unter uns da ist. Wer nur in Einer dieser Formen des wissenschaftlichen Vereins lebt, dem kann es gar leicht begegnen, daß er, durch Vorurtheile verleitet, vergessend was ihm die andern früher gewesen sind, sie für nichts hält, und die seinige zu allem machen will. Diese Vorurtheile finden sich auch überall. Was ist gewöhnlicher, als daß akademische Gelehrte auf den Schulmann als auf einen Unglüklichen in hartes Joch verdammten herabsehn, der, um nur seine Pflicht zu erfüllen, sich unvermeidlich gewöhnen müsse pedantisch an Kleinigkeiten zu haften, und der in den Vorhof der Wissenschaften eingezwängt, die höchsten Genüsse derselben für immer entbehre? was gewöhnlicher, als daß sie den Universitätslehrer als einen sich vornehmer dünkenden Schulmann betrachten, der gleichsam nur ihr Diener sei, bestimmt die Wissenschaften, wie sie sie ihm übergeben, fortzupflanzen, und ihrem Gange demüthig zu folgen als der Unsterblichen Fußtritte? So verschreit wiederum der Schulmann die Akademiker als Müßiggänger, weil sie wenig thäten im Vergleich mit ihm zur Ausbreitung des Reiches der Wissenschaften, und klagt über die Universitätslehrer, als über anmaßende

Undankbare, die oft die bessere Hälfte von dem wieder verdürben, was er gebaut hat. Diese wiederum beweisen den Schulmännern Geringschäzung, als solchen die nur am Buchstaben kleben, und denen der Geist ihrer eignen Wissenschaft größtentheils fremd bleibt, und schildern die Akademien als Versorgungs- oder Mitleidsanstalten für zudringliche falschberühmte oder abgelebte Gelehrte. Wie verkehrt ist dieses Alles! Der tüchtige Vorsteher einer gelehrten Schule muß als Gegengewicht gegen das was er beständig auszuüben hat, und selbst als Leitung dafür, eine Umsicht des Ganzen besizen, durch die er in seiner Person die Akademie repräsentirt; er bedarf derselben wissenschaftlichen Besonnenheit, desselben reinen Beobachtungsgeistes, wie Einer der die Wissenschaft weiter fördert, und die Entwiklung der Jugend, die er leitet, ist wol schwieriger als irgend eine einzelne Untersuchung. Wie der Akademiker in einsamer Meditation alle vorhandene Resultate erwägen, alle Andeutungen benuzen, und so neue Entdekkungen fördern, und wie der Universitätslehrer immer in demselben Kreise sich umdrehend mit der erkenntnißlustigen Jugend leben und sie auf alle Weise erregen, dies sind freilich zwei sehr verschiedene Beschäftigungen:

aber von der einen aus über die andere als über etwas weit geringeres hinwegsehen, das kann doch nur der, welcher gar nicht beide mit einander verbindet. Und es ist unmöglich, daß dies dem ausgezeichnetern Gelehrten begegne. Denn auch der stillste emsigste Forscher muß eben in seinen glüklichsten Augenblikken, in denen der Entdekkung, welche doch allemal auch zu einer neuen lebendigern Ansicht des Ganzen führt, sich zu der belebendsten begeisterten Mittheilung aufgelegt fühlen, und wünschen, sich im Geiste der Jünglinge ausgießen zu können. Und kein bedeutender Universitätslehrer kann wol eine Zeitlang seinen Lehrstuhl würdig ausgefüllt haben, ohne auf Untersuchungen und Aufgaben gestoßen zu sein, die ihm den großen Werth einer Vereinigung fühlbar machen, in der Jeder bei Allen Unterstüzung und Hülfe findet auf seinem wissenschaftlichen Wege. Um aber diese gegründete gegenseitige Werthschäzung bei Allen immer zu erhalten, müßte eine genauere Gemeinschaft gestiftet sein zwischen den öffentlichen Bildungsanstalten; die vortreflichsten Schulmänner, Universitätslehrer und Akademiker müßten gemeinschaftlich an der Spize der wissenschaftlichen Angelegenheiten stehen, dann würde sich wahrer Gemeinsinn für ihre ganze Sache von ihnen aus unter allen Gelehrten immer weiter verbreiten.

Geschieht das nicht? wird man fragen; vereinigt nicht der Staat Gelehrte aus allen diesen verschiedenen Klassen in den Verwaltungsräthen, durch welche er die Sache des öffentlichen Unterrichtes leitet? Wohl; aber als Staatsdiener vereiniget er sie da mit andern Geschäftsmännern, unter ihm eigenthümlichen, ihnen aber fremden Formen, zu einer Aufsicht die alles immer vorzüglich in Beziehung auf den Staat betrachtet. Von hier aus giebt es für die Verhältnisse dieser Anstalten eine ganz andere Ansicht; und jemehr bei so beamteten Gelehrten ihr Verhältniß als Staatsdiener überwiegt, was so natürlich erfolgen muß, um desto leichter tragen sie dann auch diese Ansicht auf ihren eigentlich wissenschaftlichen Wirkungskreis über, alles schäzend und behandelnd nach seinem unmittelbaren Einfluß auf den Staat, und, wie auch die Erfahrung lehrt, gewiß nicht zum Vortheil der geistigen Verbesserung. Es ist dem ganzen Gang neueuropäischer Bildung angemessen, daß die Regierungen auch der Wissenschaften sich aufmunternd annehmen, und die Anstalten zu ihrer Verbreitung in Gang bringen mußten, wie es mit Künsten und

Fertigkeiten aller Art der Fall zu sein pflegt. Allein hier wie überall kommt eine Zeit, wo diese Vormundschaft aufhören muß. Sollte diese nicht für Deutschland allmählig eintreten, und wenigstens in dem protestantischen Theile desselben bald rathsam sein, daß der Staat die Wissenschaften sich selbst überlasse, alle innern Einrichtungen gänzlich den Gelehrten als solchen anheimstelle, und sich nur die ökonomische Verwaltung, die polizeiliche Oberaufsicht, und die Beobachtung des unmittelbaren Einflusses dieser Anstalten auf den Staatsdienst vorbehalte? Die Akademien, denen die Regierungen immer nur einen mittelbaren Einfluß auf ihre Zwekke zutrauten, sind von jeher freier gewesen, und haben sich wol dabei befunden. Aber Schulen und Universitäten leiden je länger je mehr darunter, daß der Staat sie als Anstalten ansieht, in welchen die Wissenschaften nicht um ihret sondern um seinetwillen betrieben werden, daß er das natürliche Bestreben derselben, sich ganz nach den Gesezen welche die Wissenschaft fodert zu gestalten, mißversteht und hindert, und sich fürchtet, wenn er sie sich selbst überließe, würde sich bald alles in dem Kreise eines unfruchtbaren vom Leben und von der Anwendung weit entfernten Lernens und Lehrens herumdrehen, vor lauter reiner Wißbegierde würde die Lust zum Handeln vergehn, und niemand würde in die bürgerlichen Geschäfte hinein wollen. Dies scheint seit langer Zeit die Hauptursache zu sein, weshalb der Staat sich zu sehr auf seine Weise dieser Dinge annimmt. Und allerdings kann man nicht läugnen, daß wenn den Reden zu glauben wäre, die bisweilen einige Philosophen führen, so würden diese alle ihre Schüler, und sie wissen die Jugend sehr zu fesseln, von aller bürgerlichen Thätigkeit zurükhalten. Allein warum sollte man das, und warum dem vorübergehenden Reiz einen so dauernden Einfluß zuschreiben? So ist von jeher gesprochen worden, und von jeher sind die jungen Männer aus den Schulen der Weisen unmittelbar in die Säle der Gerichtshöfe und die Verwaltungskammern geströmt, um die Menschen beherrschen zu helfen. Schauen und Thun, wenn sie auch gegen einander reden, arbeiten einander immer in die Hände; das Verhältniß zwischen denen, welche sich der bloßen Wissenschaft widmen, und den übrigen bestimmt die Natur selbst immer richtig und sehr ebenmäßig. Man vergleiche nur den großen Haufen derer, welche durch die Schulen und Universitäten hindurchgehn, mit der kleinen

Anzahl derer, welche endlich die Akademie eines Volkes bilden, und betrachte, wie viele auch von den lezteren noch zugleich angesehene Staatsdiener sind, um sich hierüber für immer zu beruhigen, und zu gestehen, daß der Staat Vorsprung genug hat durch die vielen Vortheile die er allein bieten kann, und durch die Gewalt mit welcher politisches Talent, wo es sich irgend findet, immer durchzubrechen weiß. Nährt aber der Staat durch falsche Besorgnisse und darauf gegründete Anordnungen jene Mißverständnisse der mit der Verbreitung der Wissenschaften beschäftigten Gelehrten unter sich: so werden die Schulen ungründlich; auf den Universitäten wird die Hauptsache unter einer Menge von Nebendingen erstikt; die Akademien werden verächtlich, wenn sie sich je länger je mehr mit lauter unmittelbar nüzlichen Dingen beschäftigen, und der Staat beraubt sich selbst auf die Länge der wesentlichsten Vortheile, welche ihm die Wissenschaften gewähren, indem es ihm je länger je mehr an solchen fehlen muß, die Großes auffassen und durchführen, und mit scharfem Blikk die Wurzel und den Zusammenhang aller Irrthümer aufdekken können.

3.

Nähere Betrachtung der Universität im Allgemeinen.

Die Vergleichung der Universität mit den Schulen und Akademien hat uns ihren wesentlichen Charakter gezeigt, vermöge dessen sie nothwendig in die Mitte tritt zwischen beide, daß nemlich durch sie der wissenschaftliche Geist in den Jünglingen soll gewekt, und zu einem klaren Bewußtsein gesteigert werden. Und dies haben wir fast ohne Beweis, wie es denn höchst anschaulich ist für sich, hinzugenommen, daß hiezu die formelle Speculation allein nicht hinreiche, sondern diese gleich verkörpert werden müsse in dem realen Wissen. Auch genügt hiezu nicht etwan eine beliebige Auswahl von Kenntnissen, wie auf Schulen zur gymnastischen Uebung. Denn der wissenschaftliche Geist ist seiner Natur nach systematisch, und so kann er unmöglich in einem Einzelnen zum klaren Bewußtsein gedeihen, wenn ihm nicht auch das Gesammtgebiet des Wissens wenigstens in seinen Grundzügen zur Anschauung kommt. Noch weniger können sich in den Einzelnen der allgemeine Sinn und das besondere Talent vereint zu einem eigenthümlichen intellectuellen Leben ausbilden, wenn nicht auf der Universität Jeder dasjenige findet, was sein besonderes Talent anregen kann. Die Universität muß also alles Wissen umfassen, und in der Art, wie sie für jeden einzelnen Zweig sorget, sein natürliches inneres Verhältniß zu der Gesammtheit des Wissens, seine nähere oder entferntere Beziehung auf den gemeinschaftlichen Mittelpunkt ausdrükken. Nur Eine Abweichung hievon, scheint es, kann man gestatten, daß nemlich dasjenige überwiegend hervorgezogen werde, wohin sich überhaupt das Talent der Nation vorzüglich neigt; eine Abweichung, die sich auch nur in den der Akademie sich nähernden Veranstaltungen der Universität zeigen dürfte.

So müßte es sein, wenn ohne fremden Einfluß der wissenschaftliche Trieb allein die Universitäten errichtete und ordnete. Sehen wir aber, wie sie sind, so finden wir alles ganz anders. Wissenschaftlich angesehen erscheint das meiste höchst unverhältnißmäßig, dem unbedeutenden ein großer Raum vergönnt, vieles, was an sich gar nicht zusammenzugehören scheint, äußerlich verbunden, wichtiges dagegen verkürzt, oder noch ganz neu aussehend, als ob es erst hinzugekommen wäre, vieles auch so behandelt, als wäre es gar nicht für die bestimmt in denen wissenschaftlicher Geist sich entwikkeln will, sondern für die, denen er ewig fremd bleiben muß.

Offenbar geht dieser Geist nicht in Jedem auch nicht in allen denen auf, die wol fähig und geneigt sind eine schöne Masse von Kenntnissen zu sammeln, und in gewissem Sinne zu verarbeiten. Deshalb soll schon die gelehrte Schule nur eine Auswahl junger Naturen in sich fassen, und aus diesen selbst wiederum nur eine Auswahl zur Universität senden; allein weil sie nur vorbereitend ist, und nicht bestimmt diese Gesinnung selbst schon ans Licht zu bringen, so kann sie auch über den Grad der wissenschaftlichen Fähigkeit nicht zuverlässig und definitiv entscheiden. Sie schließt aus der Lust und Leichtigkeit, mit welcher die von ihr dargebotenen Kentnisse aufgefaßt werden, aus der mehr oder minder aufkeimenden Vorliebe für den wissenschaftlichen Gehalt in denselben. Aber das alles ist ziemlich trüglich, und das sicherste davon grade am wenigsten in eine äußerlich gültige Form zu bringen. Wie oft findet man erstaunlichen Fleiß und große Lust und Liebe, die sich nur für den Kenner durch etwas gar unbewußtes thierisches unterscheidet, bei gar wenig Geist und Talent. Ja bei Manchen öfnet sich grade in dieser entscheidenden Zeit eine taube Blüthe, die nur zu leicht für fruchtbar gehalten wird. Und wiederum wenn die Schule sich in ihrem Urtheil die größte Strenge zum Gesez machen wollte: wie Manche, die sich erst später entwikkelt hätten, würden dann voreilig der ferneren Pflege beraubt. Kurz, es ist unvermeidlich, daß Viele zur Universität kommen, die eigentlich untauglich sind für die Wissenschaft im höchsten Sinne, ja daß diese den größeren Haufen bilden, weil in der That dies weit weniger nachtheilig sein kann, als wenn ein einziges großes und entschiedenes Talent die wohlthätigen Einflüsse dieser Anstalt ganz entbehren müßte. Der Gedanke, schon auf der Schule oder beim Abgehn von derselben eine Trennung festzusezen zwischen denen, welche der höchsten wissenschaftlichen Bildung fähig, und denen, die für eine untergeordnete Stuffe bestimmt sind, und für leztere eigene Anstalten zu stiften, wo sie ohne die philosophischen Anleitungen der Universität gleich für ihr bestimmtes Fach der Erkenntniß mehr handwerksmäßig und traditionell weiter gebildet würden, dieser Gedanke ist Jedem furchtbar und schreklich der an der Bildung der Jugend einen lebendigen Antheil nimmt. Nicht in eine Zeit gehört er, wo jede Aristokratie der Natur der Sache nach untergehen muß, sondern in eine solche, wo man sie erst recht pflegen und erweitern will. Oder meint man, angehende Jünglinge, welche sich auf gelehrten Schulen auch nur mit einigem Erfolge gebildet haben, sollten sich selbst zu einer Zeit, wo sie unmöglich schon sich selbst zu erkennen vermögen, das Urtheil einer solchen Herabsezung sprechen, und nicht vielmehr nach aller Herrlichkeit der Wissenschaft ihre Hand ausstrekken wollen? Solche verdienten wirklich ganz verstoßen und verunehrt zu werden! Nein, man lasse zusammen die treflicheren und die minderen Köpfe erst die entscheidenden Versuche durchgehen, welche auf der Universität angestellt werden, um ein eignes wissenschaftliches Leben in den Jünglingen zu erzeugen, und erst wenn diese alle ihres höchsten Zwekkes verfehlt haben, werden sich von selbst die Meisten auf die untergeordnete Stuffe treuer und tüchtiger Arbeiter stellen. Solcher bedarf der wissenschaftliche Verein gar sehr; denn die wenigen wahrhaft herrschenden und bildenden Geister können gar viele Organe in Thätigkeit sezen. Darum müssen die Universitäten so eingerichtet sein, daß sie zugleich höhere Schulen sind, um diejenigen weiter zu fördern, deren Talente, wenn sie auch selbst auf die höchste Würde der

Wissenschaft Verzicht leisten, doch sehr gut für dieselbe gebraucht werden können. Und zwar darf sich dies nicht als eine besondere Veranstaltung äußerlich unterscheiden lassen, weil ja auch beide Klassen von Lernenden nicht äußerlich unterschieden sind, sondern sich erst durch die That selbst von einander trennen sollen. Noch mehr aber bedarf der Staat von diesen Köpfen der zweiten Klasse. Er kann sehr wohl einsehen, daß die obersten Geschäfte in jedem Zweige nur denen mit Vortheil anvertraut werden, welche von wissenschaftlichem Geiste durchdrungen sind, und wird doch danach streben müssen, daß ihm auch der größte Theil von jenen untergeordneten Talenten anheim falle, welche auch ohne diesen höheren Geist ihm durch wissenschaftliche Bildung und eine Masse von Kenntnissen brauchbar sind. Daher muß er nun aus demselben Grunde dafür sorgen, daß die Universitäten zugleich höhere Specialschulen sein für alles dasjenige, was von den in seinem Dienst nuzbaren Kenntnissen zunächst mit der eigentlichen wissenschaftlichen Bildung zusammenhängt; und wenn es auch auf diesem Gebiete nicht eben so nothwendig ist, ist es doch natürlich genug, auch hier die äußere Unterscheidung zu vermeiden.

So weit ist also alles gut, und auch dies leztere nicht als ein Mißbrauch, oder als eine Verunreinigung rein wissenschaftlicher Anstalten anzusehen; sondern vielmehr vortreflich, weil auf diese Weise doch auch in der größeren Masse der Gebildeten so viel als jedem möglich ist aufgeregt werden kann, wenigstens vom Sinn für wahre Erkenntniß, weil denen, die eine solche Schule gemacht haben, wenigstens eingeprägt bleiben muß das Gefühl der Abhängigkeit der Kenntnisse, die sie dort einsammelten von den höheren wissenschaftlichen Bestrebungen, und weil die Bildungsanstalten für den Dienst des Staates durch ihre Verbindung mit den rein wissenschaftlichen empfänglicher bleiben müssen für jede Verbesserung, und in sich selbst lebendiger. Und dieses ist unstreitig das Wesen der deutschen Universitäten, wie sie seit langer Zeit wirklich sind. Wenn aber hie und da die Regierungen anfangen, den politischen Theil dieser Anstalten für die Hauptsache anzusehen, hinter welcher das eigentlich wissenschaftliche in jedem streitigen Falle zurükstehen müsse: so ist das schon ein sehr verderblicher Mißverstand; und wenn sie gar wünschen, der Form der Universität ganz überhoben zu sein, und an die allgemeinen gelehrten Schulen gleich die Specialschulen für die verschiedenen Fächer des Staatsdienstes anknüpfen zu können, so ist dies ein trauriges Zeichen davon, daß man den Werth der höchsten Bildung für den Staat verkennt, und daß man den bloßen Mechanismus dem Leben vorzieht Ja, wo ein Staat die Universitäten, den Mittelpunkt die Pflanzschule aller Erkenntniß zerstörte, und alle dann nur noch gleichsam wissenschaftliche Bestrebungen zu vereinzeln und aus ihrem lebendigen Zusammenhang herauszureißen suchte: da darf man nicht zweifeln, die Absicht oder wenigstens die unbewußte Wirkung eines solchen Verfahrens ist Unterdrückung der höchsten freiesten Bildung und alles wissenschaftlichen Geistes, und die unfehlbare Folge das Ueberhandnehmen eines handwerksmäßigen Wesens, und einer kläglichen Beschränktheit in allen Fächern. Unüberlegt handeln diejenigen, oder sind von einem undeutschen verderblichen Geiste angesteckt, die uns eine Umbildung und Zerstreuung der Universitäten in Specialschulen vorschlagen; so wie in jedem Lande, wo jene Form von selbst ausstürbe, oder wo, auch wenn die Regierung es nicht hinderte, doch nie eine wahre Universität zu Stande käme, sondern alles immer schulmäßig bliebe, die Wissenschaft gewiß im

Rükgang und der Geist im Einschlafen begriffen sein müßte.

Wie nun, so lange der Staat die Grenzen des rechtmäßigen Einflusses, den ihm die Wissenschaft gestatten kann, nicht überschreitet, der Unterricht auf der Universität sich gestalten muß, das läßt sich an jeder nur noch mittelmäßig eingerichteten leicht erkennen. Das Allgemeinste nemlich ist Allen gemein, und Alle beginnen damit, und trennen sich erst späterhin auf dem Gebiet des Besondern, nachdem in Jedem sein eigenthümliches Talent und mit demselben die Liebe zu dem Geschäft erwacht ist, in welchem er es vorzüglich kann geltend machen. Alles also beginnt mit der Philosophie, mit der reinen Speculation, und was etwa noch propädeutisch als Uebergang von Schule zu Universität dazu gehört. Nur beruht das Leben der ganzen Universität, das Gedeihen des ganzen Geschäftes darauf, daß es nicht die leere Form der Speculation sei, womit allein die Jünglinge gesättigt werden, sondern daß sich aus der unmittelbaren Anschauung der Vernunft und ihrer Thätigkeit die Einsicht entwikkele, in die Nothwendigkeit und den Umfang alles realen Wissens, damit von Anfang an der vermeinte Gegensaz zwischen Vernunft und Erfahrung, zwischen Speculation und Empirie vernichtet, und so das wahre Wissen nicht nur möglich gemacht, sondern seinem Wesen nach wenigstens eingehüllt gleich mit hervorgebracht werde. Denn ohne hier über den Werth der verschiedenen philosophischen Systeme zu entscheiden, ist doch klar, daß sonst gar kein Band sein würde zwischen dem philosophischen Unterricht und dem übrigen, und gar nichts bei demselben herauskommen, als etwa die Kenntniß der logischen Regeln, und ein in seiner Bedeutung und Abstammung nicht verstandener Apparat von Begriffen und Formeln Die Aussicht also muß eröfnet werden schon durch die Philosophie in die beiden großen Gebiete der Natur und der Geschichte, und das Allgemeinste in beiden muß nicht minder Allen gemein sein. Von der höhern Philologie, sofern in der Sprache niedergelegt sind alle Schäze des Wissens und auch die Formen desselben sich in ihr ausprägen, von der Sittenlehre, sofern sie die Natur alles menschlichen Seins und Wirkens darlegt, müssen die Haupt-Ideen Jedem einwohnen, wenn er auch seine besondere Ausbildung mehr auf der Seite der Naturwissenschaft sucht; so wie sich kein wissenschaftliches Leben denken läßt für den, dem jede Idee von der Natur fremd bliebe, die Kenntniß ihrer allgemeinsten Prozesse und wesentlichsten Formen, der Gegensaz und Zusammenhang in dem Gebiete des organischen und unorganischen. Daher das Wesen der Mathematik, der Erdkenntniß, der Naturlehre und Naturbeschreibung Jeder inne haben muß. Jemehr aber ins Besondere hinein, in Geschichtsforschung, Staats und Menschenbildungskunst, in Geologie und Physiologie, desto mehr auch beschränkt sich Jeder auf das Einzelne, wozu er berufen ist; und an diese Beschränkung wendet sich hernach der Staat mit seinen besondern Instituten für die, welche an der politischen und religiösen Fortbildung, so wie an der physischen Erhaltung und Vervollkommnung der Bürger arbeiten sollen; Institute welche, wenn sie der Universität nicht ganz fremd und verderbliche Auswüchse auf ihr sein sollen, sich selbst abhängig erklären und erhalten müssen von der wissenschaftlichen Behandlung der Natur und der Geschichte, und mithin von der Philosophie.

Weil aber selbst hierin, und ohnerachtet an diesem Unterricht Viele theilnehmen, denen der philosophische die wahre Weihe nicht gegeben hat, dennoch der äußere Unterschied, um auch von dieser Seite die Einheit des Ganzen nicht zu stören, möglichst vermieden wird, weil in jedem Unterricht, wenn er noch einigermaßen dem Charakter der Universität treu bleibt, die wissenschaftliche Darstellung die Hauptsache ist, und das Detail nur Werth hat als Belag, als Handhabe, als roher Stoff für die Versuche in eigner Combination und Darstellung: so ist auch die Lehrweise mit geringen Abstufungen überall dieselbe.

Wenige verstehen die Bedeutung des Kathedervortrages; aber zum Wunder hat er sich, ohnerachtet immer von dem größten Theile der Lehrer sehr schlecht durchgeführt, doch immer erhalten, zum deutlichen Beweise, wie sehr er zum Wesen einer Universität gehört, und wie sehr es der Mühe lohnt, diese Form immer aufzusparen für die Wenigen, die sie von Zeit zu Zeit recht zu handhaben wissen. Ja man könnte sagen, der wahre eigenthümliche Nuzen, den ein Universitätslehrer stiftet, stehe immer in gradem Verhältniß mit seiner Fertigkeit in dieser Kunst.

Jede Gesinnung, die wissenschaftliche wie die religiöse, bildet und vervollkommet sich nur im Leben, in der Gemeinschaft Mehrerer. Durch Ausströmung aus den Gebildetern, Vollkommenern, wird sie zuerst aufgeregt und aus ihrem Schlummer erwekt in den Neulingen; durch gegenseitige Mittheilung wächst sie und stärkt sich in denen die einander gleich sind. Wie nun die ganze Universität ein solches wissenschaftliches Zusammenleben ist; so sind die Vorlesungen insbesondere das Heiligthum desselben. Man sollte meinen, das Gespräch könne am besten das schlummernde Leben wekken und seine ersten Regungen hervorlokken, wie denn die bewundernswürdige Kunst des Alterthums in dieser Gattung noch jezt dieselben Wirkungen äußert. Es mag auch so sein zwischen Zweien, oder wo aus einer ganzen Menge Einer als Repräsentant derselben mit Sicherheit kann aufgestellt werden, oder wenn Einzelne die niedergeschriebenen treflichen Werke dieser Art genießen, und gleichsam das Dargestellte an sich wiederholend durchleben. Allein es muß wol nicht so sein unter Vielen und in der neueren Zeit, weil doch ohnerachtet so mancher erneuerten Versuche das Gespräch nie als allgemeine Lehrform auf dem wissenschaftlichen Gebiet aufgekommen ist, sondern die zusammenhangende Rede sich immer erhalten hat. Es ist auch leicht einzusehen warum. Unsere Bildung ist weit individueller als die alte, das Gespräch wird daher gleich weit persönlicher, so daß kein Einzelner im

Namen Aller als Mitunterredner aufgestellt werden kann, und das Gespräch eine viel zu äußerliche nur verwirrende und störende Form sein würde. Aber der Kathedervortrag der Universität muß allerdings, weil er Ideen zuerst zum Bewußtsein bringen soll, doch in dieser Hinsicht die Natur des alten Dialogs haben, wenn auch nicht seine äußere Form; er muß darnach streben, einerseits das gemeinschaftliche Innere der Zuhörer, ihr Nichthaben sowol als ihr unbewußtes Haben dessen, was sie erwerben sollen, andererseits das Innere des Lehrers, sein Haben dieser Idee und ihre Thätigkeit in ihm recht klar ans Licht zu bringen. Zwei Elemente sind daher in dieser Art des Vortrages unentbehrlich und bilden sein eigentliches Wesen. Das eine möchte ich das populäre nennen; die Darlegung des muthmaßlichen Zustandes, in welchem sich die Zuhörer befinden, die Kunst sie auf das Dürftige in demselben hinzuweisen und auf den lezten Grund alles Nichtigen im Nichtwissen. Dies ist die wahre dialektische Kunst, und je strenger dialektisch, desto populärer. Das andere möchte ich das productive nennen. Der Lehrer muß alles was er sagt, vor den Zuhörern entstehen lassen; er muß nicht erzählen was er weiß, sondern sein eignes Erkennen, die

That selbst, reproduciren, damit sie beständig nicht etwa nur Kenntnisse sammeln, sondern die Thätigkeit der Vernunft im Hervorbringen der Erkenntniß unmittelbar anschauen und anschauend nachbilden. Der Hauptsiz dieser Kunst des Vortrags ist freilich die Philosophie, das eigentlich speculative; aber alles Lehren auf der Universität soll ja auch hievon durchdrungen sein, also ist doch dies überall die eigentliche Kunst des Universitätslehrers. Zwei Tugenden müssen sich in ihr vereinigen; Lebendigkeit und Begeisterung auf der einen Seite. Sein Reproduciren muß kein bloßes Spiel sein, sondern Wahrheit; so oft er seine Erkenntniß in ihrem Ursprung, in ihrem Sein und Gewordensein vortragend anschaut, so oft er den Weg vom Mittelpunkt zum Umkreise der Wissenschaft beschreibt, muß er ihn auch wirklich machen. Bei keinem wahren Meister der Wissenschaft wird das auch anders sein; ihm wird keine Wiederholung möglich sein, ohne daß eine neue Combination ihn belebt, eine neue Entdekkung ihn an sich zieht; er wird lehrend immer lernen, und immer lebendig und wahrhaft hervorbringend dastehn vor seinen Zuhörern. Eben so nothwendig ist ihm aber auch Besonnenheit und Klarheit, um was die Begeisterung wirkt verständlich und gedeihlich zu machen, um das Bewußtsein seines Zusammenseins mit den Neulingen immer lebendig zu erhalten, daß er nicht etwa nur für sich, sondern wirklich für sie rede, und seine Ideen und Combinationen ihnen wirklich zum Verständniß bringe und darin befestige, damit nicht etwa nur dunkle Ahndungen von der Herrlichkeit des Wissens in ihnen entstehen, statt des Wissens selbst. Kein Universitätslehrer kann wahren Nuzen stiften, wenn er von einer dieser Treflichkeiten ganz entblößt ist; und die rechte gesunde Fülle der Anstalt besteht darin, daß was etwa einem Lehrer, der von der einen Seite sich vorzüglich auszeichnet, an der andern menschlicher Weise abgeht, durch einen Andern ersezt werde. Diese beiden Tugenden des Vortrags sind die wahre Gründlichkeit desselben, nicht eine Anhäufung von Literatur, welche dem Anfänger nichts hilft, und vielmehr in Schriften muß niedergelegt als mündlich mitgetheilt werden; aus ihnen fließt die ächte Klarheit, nicht besteht sie in unermüdetem Wiederkäuen, in preiswürdiger Dünne und Dürre des Gesagten; aus ihnen die wahre Lebendigkeit, nicht aus dem Reichthum gleichbedeutender Beispiele, und gleichviel ob guter oder schlechter, nebenherlaufender Einfälle und pole-

polemischer Ausfälle. Wunderbar genug ist die Gelehrsamkeit eines Professors zum Sprüchwort geworden. Je mehr er besizt, desto besser freilich; aber auch die größte ist unnüz ohne die Kunst des Vortrages. Uebet der Lehrer diese an seinen Schülern gehörig aus, so kann es wenig schaden, wenn sie ihn auch bisweilen darauf ertappen, etwas Einzelnes auf dem Gebiet seiner Wissenschaft nicht zu wissen; sie werden dennoch wissen, daß er die Wissenschaft als solche vollkommen besizt. Ja man kann immer hoffen, daß einem jungen Universitätslehrer die Gelehrsamkeit noch komme: wenn er aber jenes Talent der Mittheilung nicht in den Jahren hat, wo er seinen Zuhörern am nächsten steht, so wird er es späterhin schwerlich erlangen. Was hilft alle Gelehrsamkeit, wenn statt des ächten Kathedervortrags nur der falsche Schein, die leere Form davon vorhanden ist! Nichts jämmerlicheres zu denken als dieses. Ein Professor, der ein ein für allemal geschriebenes Heft immer wieder abliest und abschreiben läßt, mahnt uns sehr ungelegen an jene Zeit, wo es noch keine Drukkerei gab, und es schon viel werth war, wenn ein Gelehrter seine Handschrift Vielen auf einmal dictirte, und wo der mündliche Vortrag zugleich statt der Bücher dienen mußte. Jezt aber kann niemand einsehn, warum der Staat einige Männer lediglich dazu besoldet, damit sie sich des Privilegiums erfreuen sollen, die Wohlthat der Drukkerei ignoriren zu dürfen, oder weshalb wol sonst ein solcher Mann die Leute zu sich bemüht, und ihnen nicht lieber seine ohnehin mit stehenbleibenden Schriften abgefaßte Weisheit auf dem gewöhnlichen Wege schwarz auf weiß verkauft. Denn bei solchem Werk und Wesen von dem wunderbaren Eindrukk der lebendigen Stimme zu reden, möchte wol lächerlich sein.

Soll aber der Vortrag den geforderten Charakter haben: so dürfen freilich die eigentlichen Vorlesungen nicht das einzige Verkehr des Lehrers mit seinen Schülern sein. Steife Zurückgezogenheit und Unfähigkeit, auch außerhalb des Katheders noch etwas für die studierende Jugend zu sein, hängen auch gewöhnlich mit den schon gerügten Untugenden des Vortrages zusammen. Wenn der Lehrer mit Nuzen anknüpfen soll an den Erkenntnißzustand der Zuhörer; wenn er ihnen helfen soll die Abweichungen zu vermeiden, zu welchen sie hinneigen; wenn er sich glüklich hindurcharbeiten soll durch die unter ihnen herrschenden Unfähigkeiten im Auffassen: so müssen noch andere Arten und Stuffen des Zusammenlebens mit ihnen ihm zu Statten kommen, um ihn in der nöthigen Bekanntschaft mit den immer abwechselnden Generationen zu erhalten. Man sage nicht, daß dies der Zahl wegen unmöglich sei. Es schließt sich an die Vorlesungen eine Kette von Verhältnissen, an denen, je vertrauter sie werden, schon von selbst desto Wenigere theilnehmen, Conversatorien, Wiederholungs und Prüfungsstunden, solche, in denen eigne Arbeiten mitgetheilt und besprochen werden, bis zum Privatumgang des Lehrers mit seinen Zuhörern, wo das eigentliche Gespräch dann herrscht, und wo er, wenn er sich Vertrauen zu erwerben weiß, durch die Aeußerungen der erlesensten und gebildetsten Jünglinge von allem Kenntniß erlangt, was irgend auf eine merkwürdige Weise in die Masse eindringt und sie bewegt. Nur indem er allmählig diese Verhältnisse knüpft und benuzt, kann der Lehrer die herrliche Sicherheit der Alten, welche immer den rechten Flekk trafen in ihren Unterredungen, verbinden mit der edlen Bescheidenheit der Neueren, welche eine schon angefangene und selbstständig fortgehende individuelle Bildung jedes Einzelnen immer voraussezen müssen.

Man sieht, diese Gabe der Mittheilung läßt noch die mannigfaltigsten Verschiedenheiten zu. Dem Einen wird besser gelingen das Scheinwissen zu demüthigen, und das Bedürfniß wahrer Wissenschaft zu erregen, dem Andern, die Grundzüge derselben anschaulich darzustellen; der Eine wird Mehreren durch Begeisterung die erste Weihe geben, der Andere mehr sie durch Besonnenheit befestigen; der Eine wird geschikter sein, indem er nur scheint es mit dem Einzelnen und Mannigfaltigen zu thun zu haben, doch immer zu der innersten und höchsten Einheit die Betrachtung zurückzuführen; ein Anderer wird mit seinem Talent mehr dem Einzelnen angehören, und es auch da vorwalten lassen, wo er an das Allgemeinste und Höchste geheftet zu sein scheint. Jeder aber wird ein vortreflicher Lehrer sein, bei welchem sich, wie auch das Eine oder das Andere überwiege, doch alles Nothwendige lebendig vereint findet; und die Universität muß auch darin Universität sein, daß sie alle diese Verschiedenheiten in sich zu vereinigen strebt, damit jeder Zögling im Stande sei, einen solchen Lehrer zu finden, wie ihn unter den gegebenen Umständen und bei den gemachten Fortschritten seine Natur begehrt.

Allein wie lebendig und glücklich auch dieses Bestreben sei, ein völliges Gleichgewicht, so daß für jedes Bedürfniß auf gleich vollkommene Art gesorgt sei, wird doch auf Einer solchen Anstalt wol nie erreicht werden. Jede wird sich zu jeder Zeit auf irgend eine Seite hinneigen. Die Eine wird sich auszeichnen durch lebendigere Erregung des wissenschaftlichen Geistes im Allgemeinen, aber in den meisten Fächern vielleicht zurükbleiben in gründlicher Ausführung des Einzelnen, die Andere umgekehrt dieses mehr leisten als jenes; die Eine wird vorzüglicher sein in rein philosophischer Hinsicht, die Andere als Vorakademie oder als Aggregat von Specialschulen; die Eine mehr ihren Zöglingen vorarbeiten, und dagegen die freie höhere Combination ihnen selbst überlassen, die Andere sie mehr zu dieser anleiten, aber alles was irgend Sache des Fleißes ist, ihnen selbst zumuthen. Ja ziemlich lange behaupten oft Universitäten denselben Charakter, daß die Eine mehr speculative Köpfe bildet, die aber wohlthun werden, die realen Wissenschaften anderwärts zu suchen, und eine Andere lange Zeit fast nur Rotüriers erzieht, weil schon ein entschiedenes Talent dazu gehört, um auf ihr einen höheren wissenschaftlichen Geist zu entwikkeln, welches dann die beiden schon gefährlichen Extreme der Einseitigkeit sind, zwischen welchen die übrigen besser schwanken. Dies deutet darauf, daß nothwendig auch innerhalb des Gebietes einer und derselben Nationalbildung eine Mehrheit von Universitäten sich finden muß, und daß das möglichst freie Verkehr und der unbeschränkteste Gebrauch von jeder nach eines Jeden Bedürfniß nicht zu entbehren ist. Wie natürlich diese Wahrheit ist, geht freilich schon daraus hervor, daß die Universitäten in der Mitte stehen zwischen den gelehrten Schulen und der Akademie. Acht und dreißig davon zu besizen, wie die deutsche Nation bis jezt geduldet hat, mag freilich ein großes Unglükk sein, und die Ursach, warum so wenige zu etwas tüchtigem gediehen sind: aber wie soll nun das rechte Maaß gefunden werden? Man finde nur zuerst das rechte Maaß der gelehrten Schulen, man bringe dann mehr Einigungsgeist unter die Deutschen, daß nicht jeder Gau auch hierin etwas besonderes für sich haben wolle, und dann lasse man mehr die Sache selbst gewähren, künstle nicht, und wolle nicht Leichen frisch erhalten, so wird sich allmählig das rechte finden. Doch immer noch besser hier das Maaß überschritten, als den Gedanken an eine deutsche Central-Universität aufkommen lassen, oder den an eine gänzliche Umschmelzung der alten Form, zwei Extreme, von denen jedes das größte Unglükk wäre, welches nach allen bisherigen den Deutschen noch begegnen könnte.

4.

Von den Facultäten.

Man hat schon oft und viel gesagt, unsere vier Facultäten, die theologische, juridische, medicinische und philosophische, und noch in dieser Ordnung obenein, gäben den Universitäten ein gar groteskes Ansehn. Und das ist auch gewiß unläugbar. Wenn man es aber dennoch als einen großen Vortheil ansieht, den Umschaffungen oder bedeutende Veränderungen solcher Anstalten gewähren können, daß man dabei zugleich dieser Formen sich entledigen und bessere dafür einführen werde: so übereile man sich doch ja nicht, damit man nicht etwas ganz willkührliches an die Stelle dessen seze, was sich auf eine natürliche Art gebildet, und eben seiner Natürlichkeit wegen so lange erhalten hat; sondern suche doch erst die Bedeutung dieser bisherigen Formen recht zu verstehen.

Durch das bisher Gesagte sollte dies Verständniß schon sehr erleichtert und vollständig eingeleitet sein. Es kann wol von unserm Gesichtspunkt aus Niemanden entgehen, daß diese Formen, wie grotesk sie auch sein mögen, wenigstens sehr repräsentativ sind, und sich ganz genau auf das Gewordensein und den jezigen Zustand der Universitäten beziehen. Offenbar nemlich ist die eigentliche Universität, wie sie der wissenschaftliche Verein bilden würde, lediglich in der philosophischen Facultät enthalten, und die drei anderen dagegen sind die Specialschulen, welche der Staat entweder gestiftet, oder wenigstens, weil sie sich unmittelbar auf seine wesentlichen Bedürfnisse beziehen, früher und vorzüglicher in seinen Schuz genommen hat. Die philosophische hingegen ist für ihn ursprünglich ein bloßes Privatunternehmen, wie der wissenschaftliche Verein überhaupt ihm eine Privatperson ist, und nur durch die innere Nothwendigkeit, und durch den rein wissenschaftlichen Sinn der in jenen Facultäten Angestellten subsidiarisch herbeigeholt worden, weshalb sie denn die lezte ist von allen. In der ganzen Form also spiegelt sich die Geschichte der Universitäten in ihren Grundzügen ab. Die positiven Facultäten sind einzeln entstanden durch das Bedürfniß, eine unentbehrliche Praxis durch Theorie durch Tradition von Kenntnissen sicher zu fundiren. Die juridische gründet sich unmittelbar in dem staatbildenden Instinkt, in dem Bedürfniß, aus einem anarchischen Zustande — anarchisch, weil die Gesezgebung nicht gleichmäßig fortgeschritten war mit der Kultur — einen rechtlichen hervorgehen zu lassen, in dem Gefühl, daß dies nur geschehen könne, indem man zu dem Besiz eines Systems vollständiger unter sich übereinstimmender Geseze zu gelangen suchte, und zu höheren Principien, nach welchen in zweideutigen Fällen die Geseze auszulegen wären. Die theologische hat sich in der Kirche gebildet, um die Weisheit der Väter zu erhalten, um, was schon früher geschehen war, Wahrheit und Irthum zu sondern, nicht für die Zukunft verloren gehen zu lassen, um der weiteren Fortbildung der Lehre und der Kirche eine geschichtliche Basis, eine sichere bestimmte Richtung und einen gemeinsamen Geist zu geben; und wie der Staat sich näher mit der Kirche verband, mußte er auch diese Anstalten sanctioniren und unter seine Obhut nehmen. Die medicinischen Schulen haben sich seit uralten Zeiten gegründet auf das Bedürfniß theils den Zustand des Leibes zu erkennen und zu modificiren, theils auf eine mehr oder minder dunkle geheimnißvolle Ahndung von den innigen Verhältnissen der gesammten übrigen Natur zu dem menschlichen Leibe. Daher waren sie von Anfang an theils überwiegend gymnastisch, theils magisch und mystisch. Durch Vereinigung beider Zweige gewannen diese Bemühungen allmählig ein mehr kunstmäßiges Ansehn, und in dem Maaß als sie anfingen durch Beobachtungen und Versuche in die verschiedenen Zweige der Naturwissenschaft sich hineinzuarbeiten, und also großer äußerer Unterstüzungen zu bedürfen, mußte der Staat sich ihrer ebenfalls annehmen. So sind diese Anstalten entstanden; der tiefe richtige Sinn, der sich immer mehr über das Schlechte hervorarbeitet, hat die Neigung zu dem bloß handwerksmäßigen und empirischen besiegt, und der wissenschaftliche Geist, wir dürfen sagen vorzüglich der deutschen Nation, das immer klarer werdende Gefühl von dem innern Zusammenhange alles Wissens, hat sie in Einen Körper endlich vereiniget, wobei natürlich, wenn dies nicht als ein bloß zufälliges und äußeres Nebeneinandersein erscheinen sollte, auch jener Zusammenhang, jene gemeinschaftliche Begründung sich äußerlich darstellen mußte, was denn durch die philosophische Facultät geschieht. In dieser Einen ist daher allein die ganze natürliche Organisation der Wissenschaft enthalten, die reine transcendentale Philosophie und die ganze naturwissenschaftliche und geschichtliche Seite, beide vorzüglich mit denen Disciplinen, welche sich am meisten jenem Mittelpunkt der Erkenntniß nähern; aber doch auch die mehr ins besondere gehenden schließen sich so lange an die philosophische Facultät an, als sie nicht zum Behuf eines bestimmten Zwekkes pragmatisch behandelt werden. Jene drei Facultäten hingegen haben ihre Einheit nicht in der Erkenntniß unmittelbar, sondern in einem äußeren Geschäft, und verbinden, was zu diesem erfordert wird, aus den verschiedenen Disciplinen. Diese Eine also stellt allein dar was der wissenschaftliche Verein für sich als Universität würde gestiftet haben, jene drei aber was durch anderweitiges Bedürfniß entstanden und wobei die reinwissenschaftliche Richtung äußerlich untergeordnet ist. Die Ordnung, welche sie unter sich beobachten, beweiset offenbar das dominirende Verhältniß des Staats auch in den öffentlichen wissenschaftlichen Anstalten; und genauer angesehen zeigt sich darin theils das geschichtliche Vorantreten der Kirche vor den Staat, theils die alte löbliche Weise, die Seele dem Leibe voranzustellen.

Was sich unstreitig sehr bald, gewiß sobald als wahrer Nuzen dadurch wird gestiftet werden können, von selbst machen wird, das ist eine Umbildung der juridischen Facultät. Die bloße Kenntniß eines positiven Gesezbuches als solchen, welches doch immer mit Unrecht ein feststehendes und unveränderliches ist, und von den wissenschaftlichen Männern soll fortgebildet werden, nicht sie sich unterwerfen, hat zu wenig wissenschaftlichen Charakter. Hier müssen also die Politik, die Staatswirthschaft, die philosophische und historische Kenntniß der Gesezgebung selbst mehr heraustreten. Was sollen aber andere Veränderungen, wie man sie hie und da entwerfen und ausführen sieht? Was man damit meint ist Willkühr, Spielerei; und was man damit bewirkt ist wol etwas übleres; und es ist zu fürchten, daß man nicht ungestraft Einrichtungen vertilgen kann, die für sich schon geschichtliche Denkmäler sind, und die, wenn gleich von Vielen nicht verstanden, den Geist der Nation aussprechen. Entsteht je eine Universität durch eine freie Vereinigung von Gelehrten, dann wird von selbst das, was jezt in der philosophischen Facultät vereiniget ist, die erste Stelle finden, und die Institute, welche Staat und Kirche bitten werden damit zu verknüpfen, werden ihre untergeordnete Stellen einnehmen. So lange dies nicht geschieht, sondert sie sich am besten dadurch von den übrigen ab, daß sie die lezte ist, besser als wenn sie sich zwischen die andern stellt und sich dadurch mit ihnen vermischt, oder wol gar als wenn sie — damit das nicht als Eins und also weniger erscheine als die übrigen drei, was doch weit mehr ist als sie — sich spalten wollte in mehrere Abtheilungen. Gewiß würden dann die einzelnen Disciplinen den wissenschaftlichen Charakter immer mehr verlieren, und sich den pragmatischen Instituten nähern. Und für die reine Philosophie ist in dieser Vereinigung mit den realen Wissenschaften zu Einem äußerlichen Ganzen so schön ausgesprochen die Freiheit, bald mehr einzeln für sich herauszutreten, bald mehr an den realen Wissenschaften, als außer ihnen, sich darzustellen, eine Freiheit, ohne welche sie nicht gedeihen und sich in ihrem wahren Wesen zeigen kann, und die nicht mehr bestehen könnte, wenn ein äußeres Zeichen der Trennung festgestellt wäre.

Erhalte sich also nur die philosophische Facultät dabei, daß sie alles zusammenfaßt, was sich natürlich und von selbst als Wissenschaft gestaltet, so mag sie immerhin die lezte sein. Was ist auch hier an dem Range gelegen? Sie ist doch die Erste deshalb, weil Jedermann ihre Selbstständigkeit einsehen und gestehen muß, daß sie nicht wie die übrigen, sobald man von einer bestimmten äußeren Beziehung hinwegsieht, in ein ungleichartiges mannigfaltiges zerfällt und aufgelöst werden kann. Sie ist auch deshalb die Erste und in der That Herrin aller übrigen, weil alle Mitglieder der Universität, zu welcher Facultät sie auch gehören, in ihr müssen eingewurzelt sein. Dies Recht übt sie fast überall aus über die ankommenden Studierenden; von ihr werden zunächst Alle geprüft und aufgenommen, und dies ist eine sehr löbliche und bedeutende Sitte. Nur scheint sie noch erweitert werden zu müssen, um ihre Bedeutung ganz zu erfüllen. Es ist gewiß verderblich, daß die Studierenden gleich anfänglich sich können irgend einer andern Facultät einverleiben. Alle müssen zuerst sein und sind auch der Philosophie Beflissene; aber Alle sollten eigentlich auch in dem ersten Jahre ihres akademischen Aufenthaltes nichts anderes sein dürfen. Das alte

Unwesen, die Knaben in der Wiege für ein gewisses Geschäft zu bestimmen, ist immer noch nicht ausgerottet; denn für das wissenschaftliche Leben ist die gelehrte Schule nur die Wiege. Was für Vorstellungen von seinem künftigen Beruf, von dem Verhältniß desselben zu dem ganzen großen Gebiet der Wissenschaften und des durch sie unmittelbar befruchteten Lebens, kann der angehende Jüngling wol von dort her mitbringen? Die allgemeinen Uebersichten, theologische, juridische, mit welchen man die Abgehenden hie und da zu versenden pflegt, sind nur Huldigungen, welche man verkehrter Weise jener Verkehrtheit der voreiligen Bestimmung darbringt, und ein Raub, der schwerlich ungestraft an den Universitäten begangen wird. Gewiß sind die Fälle selten, wo sich eine bestimmte Richtung des Talentes schon auf der Schule offenbart, und mit Recht kann man sagen, daß in jedem solchen Falle nur desto nothwendiger sei, den Jüngling, wenn er für die Wissenschaft gedeihen soll, eine Zeitlang im Allgemeinen derselben aufzuhalten, damit sein allgemeiner Sinn nicht ganz unterdrükt werde von der vorherrschenden Gewalt des besonderen Talents. Möchte man doch bald dahin kommen, die Jünglinge nur zum Studiren überhaupt der Universität zuzuschikken. Wenn sie sich ein Jahr nehmen dürfen, um sich in den Principien festzusezen, und sich von allen wahrhaft wissenschaftlichen Disciplinen eine Uebersicht zu verschaffen: so wird diese Zeit nicht verloren sein; während derselben wird am sichersten ihre Gesinnung, ihre Liebe, ihr Talent sich entwikkeln; sie werden untrüglicher ihren rechten Beruf entdekken, und des großen Vortheils genießen, ihn selbstständig gefunden zu haben.

Nicht anders aber sollten auch alle Universitätslehrer in der philosophischen Facultät eingewurzelt sein. Besonders kann man bei der juridischen und theologischen Facultät nie sicher sein, daß nicht das Studium allmählig immer mehr einer handwerksmäßigen Tradition sich nähere, oder in ganz unwissenschaftlicher Oberflächlichkeit verderbe, wenn nicht alle Lehrer zugleich auf dem Felde der reinen Wissenschaft eignen Werth und Namen haben, und eine Stelle als Lehrer verdienen. Man sollte daher nicht nur ausschließend solche wählen, sondern es müßte gesezmäßig sein, daß jeder Lehrer dieser Facultäten, wenn auch nicht zugleich Mitglied der philosophischen, doch als außerordentlicher Lehrer bei irgend einem Zweige derselben verpflichtet wäre, und von Zeit zu Zeit Vorträge aus dem reinen wissenschaftlichen Gebiete hielte, die in gar keiner unmittelbaren Beziehung auf seine Facultät ständen. Nur dadurch könnte man auch äußerlich sicher sein, die lebendige Verbindung dieser Doctrinen mit der wahren Wissenschaft, ohne welche jene gar nicht auf die Universität gehören könnten, zu erhalten. Und in der That verdient ja wol jeder Lehrer des Rechts oder der Theologie ausgelacht und von der Universität ausgeschlossen zu werden, der nicht Kraft und Lust in sich fühlte, auf dem Gebiet, es sei nun der reinen Philosophie oder der Sittenlehre oder der philosophischen Geschichtsbetrachtung oder der Philologie, etwas eignes mit ausgezeichnetem Erfolg zu leisten.

Wenn übrigens schon die philosophische Facultät am besten thut Eine zu bleiben, und wenn sie sich zum Behuf gewisser Geschäfte in Unterabtheilungen spalten müßte, dies ja nicht auf eine zu bestimmte und bleibende Art, kurz ja nicht so zu thun, daß die Einheit als das Wesentlichere darüber verloren gehe: so ist ja wol deutlich, daß auch das allgemeine Streben der Universität darauf gehn muß, sich nicht zu sehr ins Einzelne hinein bestimmt zu theilen, jeden Lehrer etwa streng in den Grenzen seiner Facultät zu halten, oder gar in dieser ihn ganz bestimmt auf ein gewisses Fach einzuschränken. Vieles fällt freilich von selbst weg, wenn jeder Lehrer einer Facultät zugleich, wenn auch nicht eben so genau, der philosophischen angehört, und in dieser selbst die Sectionen nicht streng geschieden sind. Aber warum sollte auch ein Lehrer gehindert werden, einmal das Gebiet einer andern Facultät zu betreten? Grenzen doch alle an einander und berühren sich in mehreren Punkten, so daß es an Veranlassungen nicht fehlt, aus einer in die andern hinüberzuschweifen. Ergreift diese ein Gelehrter recht, und begnügt er sich nicht damit, nur für sein eignes Studium zu leihen was er von dort her braucht: so muß er gewiß etwas recht eigenthümliches und geistreiches hervorgebracht haben auf dem fremden Gebiet, wenn er sich entschließt es öffentlich vorzutragen. Die Eifersucht der Facultäten auf einander wegen ihres Gebietes ist etwas mit Recht veraltetes und lächerliches. Wem einmal öffentlich die Würde eines wissenschaftlichen Lehrers gegeben und sein Talent dazu anerkannt ist, der muß es auch üben können, auf welchem Gebiet er will. Die Zeit, während der einem Gelehrten diese Gabe der Mittheilung zu Gebote steht, ist zu beschränkt; die Gabe selbst ist zu zart und zu schwer ganz in die

Gewalt zu bekommen, als daß man nicht jede gute Stunde und alles was sie eingiebt vollständig genießen und auch benuzen sollte.

Eben deshalb ist auch der wahre Geist der Universität der, auch innerhalb jeder Facultät die größte Freiheit herrschen zu lassen. Ordnungen vorschreiben, wie die Vorlesungen auf einander folgen müssen, das ganze Gebiet unter die Einzelnen bestimmt vertheilen, das sind Thorheiten; nicht einmal ein solches Privatabkommen der Lehrer unter sich wäre wünschenswerth. Es wäre immer eine Beförderung der Stagnation, dahingegen neues Leben in einen jeden Zweig der Wissenschaften kommt, wenn er wieder von Andern, und vorzüglich von solchen die sich mit andern Zweigen mehr abgegeben haben, aufs neue bearbeitet wird. Darum lasse keiner sein Talent so bestimmt und äußerlich binden, oder binde es selbst. Männer von Geist und Fleiß, und denen das Geschäft werth und lieb ist, welches sie auf der Universität treiben, können unmöglich in dieser Hinsicht eines äußerlichen Gesezes bedürfen; sie haben in sich was sie treibt so viel zu thun als sie können, und sie müssen sich selbst ihr Gesez sein. Auch ist dies natürlich viel zu eigenthümlich, um von einem Andern oder im Allgemeinen gegeben zu werden, da es so genau von dem Verhältniß des Lehrers zu seinen Schülern abhängt. Je fester diese ihm anhangen, je mehr sie sich in ihrem wissenschaftlichen Streben allgemein von ihm gefördert fühlen, durch ein desto größeres Gebiet werden sie von ihm wollen geführt sein; je mehr sie dagegen in ihm nur eine besondere Virtuosität bewundern, um desto weniger werden sie wünschen, daß er sich aus deren Gebiet hinaus versteige, sondern so etwas vielmehr mit einer leisen Schadenfreude ansehn.

Daher ist es auch gewiß mehr schulmäßig als im wahren Geiste der Universität, wenn die Nominalprofessuren zu stark hervortreten. Einem Lehrer vorschreiben, daß er in einem bestimmten Zeitraume dasselbe wieder vortrage, heißt ihm sein Geschäft zuwider machen, und also Schuld sein, daß sein Talent nur desto schneller ablaufe. Auch ist es natürlich, daß wer noch auf andere Weise als auf dem Katheder für die Wissenschaft arbeitet, sich einrichten muß, damit seine Arbeiten sich nicht allzusehr hindern, wenn er anders mit Lust und Interesse vortragen soll, und sich also solchen Geboten unmöglich fügen kann. Freilich sagt man, es müsse doch dafür gesorgt werden, daß in einem solchen

Zeitraum, als man für einen gewöhnlichen Aufenthalt auf der Universität rechnen kann, alles Wesentliche eines jeden Gebietes wirklich vorkomme. Gewiß richtig! aber ist nur eine gehörige Fülle von Lehrern rechter Art vorhanden, so hat es damit keine Noth. Und sollte es ja; nun wol, so weise man Jedem sein besonderes Fach an, aber nur in so fern, daß wenn innerhalb des bestimmten Zeitraums keiner sich gefunden habe, der es in dem gehörigen Umfang vorgetragen hätte, dieser alsdann dazu verpflichtet sei. Und diese Anweisung sei so wenig rechtlich verclausulirt und so lose als möglich, so daß ohne alle Weitläuftigkeit zwei Lehrer die Gewährleistung welche sie übernommen haben, gegen einander vertauschen können. So wird Jeder seine Freiheit behalten, und das Ganze dadurch nicht vernachlässiget werden, sondern nur gewinnen.

Je mehr nun jeder Lehrer auf diese Art seinen Kreis selbst bestimmen und nach Belieben bald erweitern bald verengern kann, um desto mehr söhnt man sich auch aus mit dem so sehr verschrieenen Honorar. Auch dies muß doch wunderbar genug mit dem Geist und Wesen unserer Universitäten zusammenhängen, weil es sich so beständig, troz mancher spöttischen Ausfälle der neuesten Verfeinerung, erhalten hat, und man kann wol sagen, daß das die schlechtesten Universitäten und die schlechtesten Parthien jeder Universität sind, wo am meisten das Honorar umgangen wird. Zuerst gehört es zu den wenigen Einrichtungen, worin sich die Universität als aus einer ganz freien Privatvereinigung von Gelehrten entstanden darstellt. Weil dies nun ihre natürlichste und schönste Seite ist, so hat auch gewiß das Verhältniß, sich seinen Unterricht bezahlen zu lassen, nie einem Lehrer, der es nicht selbst durch niedrige Gesinnung entweihte, in der Achtung der Jünglinge geschadet, noch kann es ihm selbst erniedrigend erschienen sein, da es zugleich das Gefühl seiner Abhängigkeit vom Staat verringert. Daher soll sich auch der Staat in dies Verhältniß gar nicht mischen; er soll das Betragen gegen die Aermeren dem guten Ton der Lehrer überlassen. Will er vorschreiben, was oder wie oft Jeder auch unentgeldlich vortragen soll: so mahnt dies an die schlechtesten Einrichtungen kleiner Schulen, wo das gemeinere öffentlich und das seltnere und höhere in Privatstunden zu lernen ist. Viel besser werden die Lehrer selbst finden, was sich von Zeit zu Zeit dazu eignet, ein solches Gastmahl für eine auserlesene Anzahl zu sein.

Hieher gehören denn auch die Seminarien, welche mit den meisten Facultäten, der medicinischen, der theologischen, und der philologischen Section der philosophischen verbunden zu sein pflegen, und fast überall als eigene Anstalten erscheinen, welche ganz besonders vom Staate gestiftet und begünstiget sind. Die Lehrer, welche ihnen vorstehen, werden dafür noch besonders besoldet, und größtentheils (nur in den klinischen Anstalten der Mediciner ist es nicht üblich) genießen auch die Jünglinge, welche daran Theil nehmen, namhafte Vortheile. Es ist schon oben erwähnt, daß diese Seminarien dasjenige sind, wodurch sich die Universität der Akademie nähert, und daß die eignen darstellenden Versuche, die ins Einzelne gehenden Studien und Untersuchungen der Jünglinge darin sollen geleitet werden. Daher der innerste Kreis der reinen Philosophie auch nichts von dieser Art aufzuzeigen hat, sondern für ihn die Stelle jener Anstalten eigentlich die Disputirübungen vertreten sollten, welche den Zwekk haben, sich in den philosophischen Principien und in den allgemeinen Ansichten recht festzusezen. Die Seminarien aber schließen sich an die Disciplinen an, welche mehr in das Besondere gehen, und sind dasjenige Zusammensein der Lehrer und Schüler, worin die lezteren schon als producirend auftreten, und die Lehrer nicht sowol unmittelbar mittheilen, als nur diese Production leiten unterstüzen und beurtheilen. Daß in den Seminarien Höheres, als im gewöhnlichen Laufe der Vorlesungen vorkommt, unmittelbar gelehrt werden soll, ist nothwendig eine ganz falsche Ansicht. Denn auf alles unmittelbare Lehren haben auf der Universität Alle ein gleiches Recht; die Seminarien sind aber ihrer Natur nach immer nur für einen Ausschuß bestimmt. Zwischen ihnen und den Vorlesungen liegen noch die Conversatorien, in welchen die Reaction des Jünglings zuerst dem Lehrer sichtbar wird; er unterscheidet das minder faßlich vorgetragene, und giebt es dem Lehrer zur Umarbeitung und Erläuterung zurükk; er bringt Zweifel und Einwendungen vor, um sie sich lösen zu lassen. Diese fast wesentliche Form fehlt freilich häufig genug, aber die Lükke muß gewiß sehr fühlbar werden, wo sich nicht etwa eine solche freiere Vereinigung mit in den Seminarien verstekt. Schon bei dieser mehr gegenseitigen Mittheilung erscheinen gewiß nur diejenigen, in welchen der wissenschaftliche Geist sich wirklich regt. Natürlich ergiebt sich hier Gelegenheit genug, den Jünglingen Arbeiten anzuweisen, und sie zu Untersuchungen aufzufordern, wodurch sie mehr Licht in einzelne Gegenden ihres Wissens bringen, und die Nebel, von denen sie umfangen sind, zerstreuen, oder die Unbeholfenheit in ihren geistigen Thätigkeiten, welche sie drükt, überwinden können. Nur die ernsteren, hinlänglicher Kräfte sich bewußten, werden den anstrengungsvollen Weg nicht scheuen; und wenn sie das Bedürfniß fühlen, auch auf diesem die Gemeinschaft mit dem Lehrer fortzusezen, so ist das Seminarium gemacht. Eigentlich also muß jedem Lehrer, welchem es gelingt, eine Anzahl der Jünglinge seines Faches näher an sich zu ziehn, diese Leitung ihrer eignen Arbeiten von ihnen selbst übertragen werden, jeder muß sich sein Seminarium selbst bilden. Diesem natürlichen Gange tritt der Staat in den Weg, wenn er für jede Facultät Ein Seminarium stiftet, und dieses mit besonderen Begünstigungen Einem Lehrer überträgt. Daran, daß der Staat gewöhnlich auf Lebenszeit verleiht, und daß auch wenn er eine solche Anstalt zuerst stiftet, doch die in Deutschland so sehr herrschende Achtung für das Alter sie dem ältesten übertragen wird, der zu einem solchen näheren persönlichen Verkehr mit der Jugend, wenn alles übrige gleich gesezt wird, der Regel nach der minder geschikte ist, daran wollen wir nicht einmal denken; das größte und sichtbarste Uebel ist, daß wenn Ein Lehrer mit solchen Begünstigungen versehen ist, der Antheil an den eignen Arbeiten der Jünglinge dadurch ein Monopol wird, und die andern außer Stand gesezt werden, ihr Verhältniß zu den Jünglingen zur Vollendung zu bringen, und so viel zu nuzen als sie könnten. Eben so wenn der Staat eine bestimmte Anzahl von Studirenden, oft schon bald nach ihrer Ankunft auf der Universität, als Seminaristen begünstiget: so zieht er nicht nur die Jünglinge auf eine unreine Art zu dem Lehrer ausschließend hin, der diese Begünstigungen zu vertheilen hat; sondern er verfällt auch in den so allgemein dafür anerkannten Fehler, reine Aufmunterungen, die nur selten wirklich aufmuntern, Belohnungen, ehe noch etwas geschehen ist, zu vertheilen. Auf diese Art sollte es wol keine Seminarien geben, sondern der Staat sollte die Unterstüzungen, welche er jeder Facultät zu diesem Behuf bestimmt hat, gemeinsam niederlegen, und jeder Lehrer, welcher einen Kreis von engeren Schülern zu eignen, wahrhaft wissenschaftlichen Arbeiten, unter sich vereinigen will und kann, müßte den tüchtigsten unter ihnen einen Theil davon können zufließen lassen. Nur wenn der traurige Fall eintreten sollte, daß kein Lehrer von selbst, und ohne eine besondere Belohnung, Beruf hierzu fühlte, müßte die gesammte Anstalt oder der Staat zutreten. Vielleicht sind die bestehenden Seminarien zum Theil auf diese Art, zum Theil aus dieser Voraussezung entstanden; auf jeden Fall aber müßte das Monopol in demselben Augenblikk aufgehoben werden, wo sich ein anderer Concurrent zu diesem Geschäft findet.

Nach ähnlichen Grundsäzen, daß nemlich der Staat nie Aufmunterungen und Wohlthaten vertheilen soll, sondern nur Belohnungen und Ehrenzeichen, muß auch das ganze Stipendienwesen beurtheilt, und auf seinen ursprünglichen Zwekk zurükgeführt werden, da es nur durch die allmählig eingerissene Weichlichkeit in ein Beneficienwesen ist verwandelt worden Der Student müsse keine andere Stipendien mitbringen, als die er auf der Schule schon verdient hat, und diese müssen nur so lange dauern, bis er sich auf der Universität neue verdienen kann, damit er nicht, ohne daß es bemerkt und geahndet werde, aus einem treflichen Schüler ein schlechter Student werde. Alle Unterstüzungen müssen nur dem geprüften, und für ausgezeichnet erkannten, ertheilt werden, und ein Ehrenzeichen begleite sie, so daß sich der Reiche eben so wol darum bewerbe als der Arme, und nur den Vortheil davon einem Andern gern überlasse Nur so wird der ursprüngliche Zwekk erreicht, und Demüthigungen und Unterscheidungen vermieden, welche nirgend weniger an ihrer Stelle sind als auf der Universität.

Alles dies sezt freilich voraus, daß die Lehrer der Universität sind wie sie sein sollen. Allein wie könnte man auch eine andere Voraussezung als diese bei den wesentlichsten Einrichtungen zum Grunde legen? Es mag vielleicht andere Dinge geben, welche gedeihen können, wenn auch diejenigen, die daran arbeiten, nur durch einen äußern Zwang gehalten und getrieben werden; dieses Werk aber nicht, sondern es kann nur durch Lust und Liebe bestehen, und was ohne diese auch die vortreflichsten äußeren Gebote und Statuten thun können, kann immer nur ein leerer Schein werden. Wer sich die Aufgabe sezt, eine Universität so einzurichten, daß sie gehen und Dienste leisten müßte, wenn auch die Lehrer kaum mittelmäßig wären, und nicht vom besten Willen, der unternimmt ein thöricht Ding. Denn was für den Geist sein und ihn kräftigen soll, das muß auch aus der Kraft des Geistes hervorgehen.

Darum ist nun freilich die erste Sorge die, wie bekommt man Lehrer, welche den rechten Sinn haben, und welchen alle die nöthigen Kräfte mit großem Geschikk zu Gebote stehen? Wir haben die wesentlichsten Zweige der Universität betrachtet; aber wie erneuern sie sich nun in jedem vorkommenden Fall am besten? Die Erfahrung scheint zu verrathen, daß gerade dieser wichtige Punkt noch nicht auf eine der Idee und dem Wesen des Ganzen angemessene Art ist eingerichtet gewesen. Es finden sich überall der Mißgriffe zu viele, als daß man dies glauben könnte; und man darf nicht annehmen, daß die Anzahl tauglicher Männer zu diesem Geschäft so gering wäre, als die Anzahl treflicher Lehrer wirklich ist; ja es lassen sich ganze Perioden unterscheiden, wo eine Universität mit fast lauter ausgezeichneten, und andere wo sie mit minder als mittelmäßigen Männern besezt ist. Dies scheint seinen Grund darin zu haben, daß die Regierung die Sorge für die Besezung dieser Aemter gewöhnlich Einem bedeutenden Staatsmanne überläßt. Hat dieser das rechte Talent und den wahren Eifer für die Sache, so wird es ihm nicht fehlen vortrefliche Männer zusammenzubringen; folgt ihm ein anderer Uebelgewählter, so werden auch dessen schlechte

Wahlen allmählig statt jener treflichen eine Reihe von unbedeutenden Männern aufstellen. Ja es ist zu besorgen, daß nur in einem kleinen Staate, der unmöglich die Universität als für seine Bedürfnisse daseiend ansehen kann, der Aufsicht führende Staatsmann lediglich auf die wissenschaftliche Qualität sehen wird; je größer aber der Staat, desto mehr wird er sich verleiten lassen durch die so allgemeine herrschende Ansicht, und den talentvollsten Gelehrten, denen es aber um die Wissenschaft selbst zu thun ist, solche Männer vorziehn, welche sich als Freunde und Meister in der Kunst gezeigt haben, die Wißbegierde der Jünglinge nur zum vermeinten Besten des Staats zu bearbeiten. Sollte man also nicht dieser so schwer zu vermeidenden falschen Richtung, und jener für das Gedeihen der Universität so üblen Veränderlichkeit derselben zuvorzukommen suchen, indem man die Besezung der Lehrstellen weniger von Einer Person abhängig machte? Spricht nicht die Natur der Sache dafür, daß wenn die Wissenschaft nicht untergehn soll, an der Wahl ihrer eigentlichsten Erhalter und Fortpflanzer auch der wissenschaftliche Verein einen bedeutenden Antheil nehmen müsse?

Man sagt freilich, der Curator der Universitäten sei ja nothwendig immer ein wissenschaftlich gebildeter Mann, und nicht minder diejenigen, welche ihm zunächst an die Hand gehen, Mitglieder gewöhnlich des höchsten Kirchenraths oder Schulrathes; allein hier tritt nun die Besorgniß ein, daß diese Alle je länger je mehr sich vorzüglich als Staatsdiener betrachten werden, und der Wunsch, daß der Antheil des wissenschaftlichen Vereins an dieser Angelegenheit bestimmter und abgesonderter von dem des Staates hervortreten möge. Auch darauf kann man freilich erwiedern, es stehe jeder Universität frei, diese Wahl dem Wesentlichen nach ganz in ihre eignen Hände zu bringen und sich aus sich selbst zu erneuern. Denn sie könne aus ihren eigenen Zöglingen Privatdocenten bilden, und wenn diese eine Zeitlang mit Erfolg aufgetreten wären, und sich Verdienste erworben hätten, würde der Staat sie gewiß nicht übergehen; und wenn er es auch thäte, würden sie doch wirksamer sein auf der Universität als die von ihm angestellten Lehrer. Das heißt aber zu wenig aus der Natur der Sache gesprochen. Ein Privatdocent als solcher wird es nie über einen öffentlich sanctionirten Lehrer, auch nicht über einen solchen, der ihm wissenschaftlich weit nachsteht, davon tragen; bleibt er immer ausgeschlossen von der Theilnahme an der innern Leitung des Ganzen, so muß ihm Muth und Lust vergehen, und er wird sich entweder hinwegbegeben oder sein Talent wird ungenuzt verwelken. Ist also der Staat nicht daran gebunden, solche Männer aufsteigen und einrükken zu lassen, so ist mit dieser Freiheit des Lehrens wenig gewonnen für die Sache der Wissenschaft. Auf der andern Seite aber wäre es warlich nicht gut, wenn eine Universität sich so ganz aus sich selbst erneuerte, wie es auch sonst keine gedeihlichen Früchte giebt, wenn in einem Boden immer nur der Same ausgestreut wird, den er selbst hervorgebracht hat; oder wie in Familien, die immer nur unter sich verkehren und heirathen, die Manieren sich versteinern und der Geist verschwindet, so würde auch eine solche Universität immer einseitiger werden und trokkener. Eine jede muß vielmehr auf jede Weise auch von den andern auf sich einwirken lassen, und es müsse keiner je an Lehrern fehlen, welche in mehreren wissenschaftlichen Gemeinheiten gelebt haben, um das fremde Gute und die Früchte eines vielseitigen Verkehrs auch den nur daheim erzogenen mitzutheilen.

Die Universität selbst muß freilich am besten wissen was sie bedarf, so oft ihr eine Lükke entsteht, oder sie Gelegenheit bekommt, sich zu erweitern; und da man bei ihren Mitgliedern Bekanntschaft voraussezen darf mit allem was sich merkwürdiges auf dem vaterländischen Gebiete der Wissenschaften regt, so muß sie auch wissen wo sie ihren Bedarf finden kann. Allein leider möchte wol Niemand dafür stimmen, ihr jede Wahl allein zu überlassen; die Universitäten sind im Ganzen so berüchtiget wegen eines Geistes kleinlicher Intrigue, daß wol jeder bei einer solchen Einrichtung von der Parteisucht, von den in literarischen Fehden gereizten Leidenschaften, von den persönlichen Verbindungen, die nachtheiligsten Folgen befürchten wird Der Regierung und ihren Repräsentanten, denen freilich diese Versuchungen ganz fremd sind, fehlt dagegen als solchen gar Vieles was zur richtigen Beurtheilung gehört, und auch wenn sie schon erworbenen Ruhm zum Maaßstab nehmen, werden sie sich oft irren.

Am meisten Schwierigkeit scheinen in beider Hinsicht zu verursachen die Lehrstellen der reinen Philosophie. Denn dieses Gebiet liegt dem Staate am entferntesten, und am wunderlichsten müßte es ihm selbst vorkommen, wenn er entscheiden sollte, wer nun der ächteste Philosoph sei, der am meisten begünstiget und hervorgezogen zu werden verdiene. Auch giebt es nichts verhaßteres auf diesem Gebiete, nichts was gutes Vernehmen und gegenseitiges Vertrauen so sehr schwächen muß, als wenn eine Regierung Partei nimmt in Sachen der Philosophie, indem sie eines oder das andere der streitenden Systeme ausschließt oder zurükſezt. Auf der andern Seite aber sind die Universitäten selbst immer der Kampfplaz, wo am heftigsten, und bisweilen bis zur Vernichtung, dieser Streit der Systeme geführt wird, so daß man, wenn ihnen selbst die Entscheidung überlassen wäre, die heftigsten Bewegungen fürchten müßte. Hier scheint kaum eine andere Hülfe zu sein, als eben in jener Freiheit des Lehrens. Wer sich Bahn macht, dem vergönne man Raum; wem es gelingt, nachdem er sich in der gehörigen Form auf einer Universität niedergelassen, den größten Beifall zu erwerben und zu bewahren, und das Talent zur Speculation aufzuregen, den bekleide man mit dem Charakter des öffentlichen Lehrers ohne Rüksicht auf sein System, ja selbst ohne Scheu vor den Streitigkeiten, die unter gewissen Umständen auf diesem Gebiet einmal nicht zu vermeiden sind. Nur hafte kein öffentlicher Flekk auf seinem sittlichen

Ruf, nur sei zugleich von ihm bekannt, daß er auch irgend ein Feld des realen Wissens bearbeitet. Vielleicht ist dies das einzige Gebiet, wo ein Melden, ein Ansuchen um die öffentliche Lehrerstelle von Seiten der Concurrenten statt finden dürfte, und die Entscheidung zwischen mehreren fast gleich qualificirten überließe vielleicht der Curator am besten derjenigen Klasse der National-Akademie, welche am wenigsten in die Streitigkeiten der Parteien verflochten zu sein und den reinsten Sinn für jedes Talent an sich zu haben pflegt, nemlich der philologischen.

Auf jedem andern Gebiet scheint es weniger schwierig zu sein, wie sich am besten der Staat und der wissenschaftliche Verein in das Geschäft der Besezung zu theilen haben. Für Stellen, an denen das Interesse des Staates als solchen sich unmittelbar ausspricht, möge der Curator vorschlagen, mit Zuziehung derjenigen Mitglieder des ihm zugeordneten höchsten Studienrathes, welche auf diesem Gebiet die höchsten gelehrten Würden erworben haben — denn Andere sollten nie eine Stimme haben in Sachen der Universitäten — und wählen sollte die Facultät, in welche der Anzustellende eintreten wird mit Zuziehung derjenigen Section der philosophischen, an welcher ihre Mitglieder Theil haben, oder in welche der Anzustellende auch eintreten will. Für solche Lehrstellen aber, welche den wissenschaftlichen Charakter am strengsten beibehalten, schlage die Universität selbst vor etwa drei, wie sie in der Stimmenmehrheit auf einander gefolgt sind, und unter diesen wähle mit ähnlicher Zuziehung der Curator. Durch eine Einrichtung dieser Art, wie sie sich auch für jede Universität eigen modificire, scheint das Gleichgewicht am besten gesichert, und die meisten üblen Einflüsse abgehalten zu werden.

Aber wäre es nicht fast eben so nöthig zu fragen, wie kann man sich am besten zur rechten Zeit der treflichen Lehrer wieder entledigen? Warlich, Niemand spielt eine traurigere Rolle als ein Universitätslehrer, der sich als solcher überlebt hat, der dies fühlt, und doch noch genöthigt ist sein Geschäft fortzutreiben, um nicht in einen dürftigen Zustand zu gerathen! Hier sieht man, wie wichtig es einem Staate ist, nur wenig Universitäten zu haben, weil so am besten ein Lehrer während seiner blühendsten Zeit für die spätere einigermaßen sorgen kann, und vor allem wolbegabte, so daß die Anstalt jedem Verdienten eine ehrenvolle und bequeme

Zurükziehung gewähren könne. Aber eben so wichtig ist gewiß in dieser Hinsicht ein richtiges und freundliches Verhältniß zwischen den Universitäten und der Akademie. Die Gabe der Mittheilung, wie sie der Universitätslehrer haben muß, ist ein zartes Talent, das nur in dem schönsten Zeitpunkte des Lebens sich findet; und wenn sonst Philosophen den rechten natürlichen Anfang und das Ende der Zeugungskraft zu bestimmen sich nicht scheuten, so könnte man auch für dieses Talent wol festsezen, daß es in der Regel zwischen dem fünfundzwanzigsten und dreißigsten Jahre anfängt sich zu entwikkeln, und rasch seiner schönsten Blüthe zueilt, und daß, wer das funfzigste Jahr zurükgelegt hat, einer schnellen Abnahme desselben entgegensehen kann. Nicht sowol der aus der Wiederholung entstehende Ueberdruß, wie man meint, bewirkt diese Abnahme; eine solche Wirkung hat der wahre geistvolle Lehrer auf einer wohl eingerichteten Universität erst sehr spät zu befürchten: sondern je mehr die Jugend schon einem ganz anderen Zeitalter angehört als der Lehrer, je weniger er sich ihr in Gedanken assimiliren und eine bestimmte Liebe und Freude mit ihr gemein haben kann, um desto mehr muß sich die Neigung und das Geschikk verlieren sich mit ihr in nähere Verhältnisse einzulassen, und um desto unerfreulicher und unfruchtbarer wird das Geschäft. Wird aber Jemand sagen, wer dieses Talent nicht mehr besize der sei der Wissenschaft abgestorben? und die Akademie würdige sich herab zu einer Verpflegungsanstalt, wenn sie solche Männer unter sich aufnehme? Ist nicht auch in demselben Maaß erst die in einzelnen schwierigen Untersuchungen so oft störende und übereilende Lebhaftigkeit der Fantasie verschwunden, und dagegen die Besonnenheit in ihrer vollen Kraft? Vollbringt nicht eben diese in solchen Jahren noch die herrlichsten Werke? Auch sehnt sich jeder wahrhaft wissenschaftliche Lehrer auf der Universität am meisten in späteren Jahren, je gründlicher er seine Wissenschaft gelehrt hat, um destomehr nach der Muße des Akademikers, um seine Forschungen ruhiger verfolgen und die schönsten Früchte seiner Meditation zur Reife bringen zu können. Auch an solchen pflegt es nicht zu fehlen unter den Universitätslehrern, welche sich zum Geschäftsleben hinneigen wenn ihre Lehrgabe anfängt zu verblühen. Für beide muß es einen ehrenvollen und verfassungsmäßigen Uebergang geben, wenn die Universität nicht in dem Maaß erkranken soll, als mehrere ihrer Mitglieder anfangen schwach zu werden für ihr Geschäft. Denn sollen sie gedeihen, so muß der Lehrer wie der Schüler eine, nur langsamer, vorübergehende Erscheinung sein.

Man sieht leicht, die natürliche Richtung der Universitäten geht dahin, den allmählig vorherrschend gewordenen Einfluß des Staates wieder in seine natürlichen Grenzen zurükzuweisen, und dagegen immer mehr den Charakter des wissenschaftlichen Vereins in diesen ihm zunächst angehörigen Anstalten hervortreten zu lassen Dies muß also auch von ihren öffentlichen Handlungen gelten, und von den Formen, unter welchen die Universität oder ihre wesentlichen Glieder, die Facultäten, als ein Ganzes auftreten. Es muß sich allmählig immer genauer trennen, was zum innern häuslichen Leben der Anstalt selbst gehört, von allem wobei sie selbst oder ihre einzelnen Glieder nur als Mitglieder der bürgerlichen Gesellschaft anzusehen sind. In allem was zu jenem Gebiet sicher gehört, muß die Universität sich frei und unabhängig ihr Hausrecht selbst bilden, und es nach Beschaffenheit der Umstände verändern können; der Staat kann sich dabei keiner Leitung anmaaßen, sondern nur Mitwissenschaft fodern und Aufsicht führen, damit dieses Gebiet nicht überschritten werde.

Nur von den Vortheilen und Besizthümern, welche er verliehen hat, mag er Rechenschaft fordern und verlangen, daß sie durch von ihm dafür anerkannte Sachverständige, aus deren Zahl aber doch die Universität muß auswählen können, verwaltet werden. Alles übrige ist Vormundschaft, welche nur in der Kindheit der Wissenschaft an ihrer Stelle sein kann, und gegen welche die natürliche Widersezlichkeit um so stärker sein muß, je mehr die Universität ihre Mündigkeit fühlt und zu festen Ansichten und einem gründlichen Stil ihres Lebens gelangt ist. Was aber die Formen betrift, unter welchen sie öffentlich auftritt und ihre Rechte und Ordnungen bildet: so ist die wissenschaftliche Gesinnung unserer Zeit ihrer Natur nach durchaus demokratisch, und das Bewußtsein lebendig, daß alle wissenschaftlichen Männer dem Geiste nach einander gleich sind, und die Geschäfte eines Jeden gleich wesentlich dem Ganzen angehören. Je mehr also die Verfassung sich frei gestalten kann, um desto demokratischer wird sie sich bilden. Es sei nun, daß eine persönliche Repräsentation aller eigentlichen Mitglieder den öffentlichen Körper constituire, oder ein engerer Ausschuß; der Geist wird immer derselbe sein und auch der Form nach wird ein Ausschuß immer nur entstehen können durch freie Wahl, um diejenigen in vorzügliche Thätigkeit zu sezen, welche man für die Geschikteſten hält den gemeinsamen Willen Aller zu Tage zu fördern und auszusprechen. Wo ein regierender Ausschuß durch bestimmtere Qualificationen feststehend gebildet wird, da muß sich gewiß auch in andern Dingen die zum Grunde liegende aristokratische Gesinnung mit ihren vielfältigen Nachtheilen offenbaren, vorzüglich durch Tyrannei gegen aufkeimende Verdienste, durch Haschen nach äußerem Ansehen, durch einen verschrobenen, unwissenschaftlich vornehmen Ton. Die innere demokratische Gesinnung hindert aber nicht, daß die Verfassung äußerlich eine monarchische Form habe, wie wir sie überall und gewiß zu großem Nuzen der Universitäten finden. Denn diejenigen, welche mit ihr verkehren, wenden sich natürlich zunächst an den, von dem die Ausfertigung ausgeht, sei es nun die mündliche oder die schriftliche. Ist dies nun nur ein untergeordneter Beamter, so wird dadurch nur zu sehr eine minder achtungsvolle Behandlung des ganzen Körpers erleichtert. Daher ist es sehr dienlich, daß Einer, der übrigens innerhalb nur der Erste ist unter Gleichen, außerhalb mit der Würde des ganzen Körpers bekleidet, diesen gegen die

Staatsbehörden, gegen die Einzelnen, und vorzüglich auch gegen die Jünglinge repräsentire. Dies ist die wahre Idee eines Rectors der Universität, welcher, um dem demokratischen Charakter des Ganzen nichts zu vergeben, aus dem repräsentirenden Körper und von demselben nach bestimmten Formen und auf eine bestimmte Zeit muß wählbar sein. Wo ihn der Staat aber ernennt, vielleicht auf lange Zeit oder lebenslänglich, vielleicht gar auch innerlich ihn mit größern Vorrechten begabt als nur der Erste zu sein unter Gleichen, da ist schon die wahre wissenschaftliche Freiheit gefährdet, und ein verderbliches Uebergewicht solcher Ansichten zu fürchten, welche die Wissenschaft zum bloßen Dienst des Staates herabwürdigen. Denselben demokratischen Charakter muß auch die Geschäftsführung einer jeden einzelnen Facultät haben. Wo ein Präsidium ist, ist es wechselnd entweder durch Wahl, oder was bei einer kleineren Anzahl natürlicher ist, durch Reihenfolge, und hebt innerhalb die Gleichheit Aller nicht im mindesten auf. Wenn man irgend, sei es dem Lebensalter oder dem Geschäftsalter, oder aus sonst einem Grunde einem Einzelnen einen innern Vorzug einräumt: so muß das Ganze nothwendig den Charakter der Schwächlichkeit bekommen, der dem Alter eigen ist, oder leiden durch die Abhängigkeit von der Beschränktheit eines Einzelnen.

5.

Von den Sitten der Universität, und von der Aufsicht.

Dies ist die größte Klage, welche seit langer Zeit geführt wird über die deutschen Universitäten, daß im Ganzen rohe und allen Umgebenden lästige Sitten, daß eine höchst unordentliche Lebensweise der den Wissenschaften obliegenden Jünglinge fast unzertrennlich scheint von ihrer ursprünglichen Gestalt und Verfassung, und daß aus dem in ihr gegründeten Mangel an Aufsicht über eine bis zum Uebermuth muthige Jugend nicht nur eine Menge kleinen Frevels und Störungen der Ruhe entstehen, sondern auch viele von den vortreflichsten Einrichtungen dadurch vergeblich gemacht werden, und selbst das Beste auf der Universität ohne Nuzen bleibt: so daß man zweifeln müßte, meinen Viele, ob nicht dennoch wegen dieses Einen Punktes eine Umarbeitung der ganzen bisherigen Form zu wünschen wäre.

Alles durcheinander, was den Gegenstand dieser Beschuldigung ausmacht, ist unter dem Namen der akademischen Freiheit bekannt und verschrieen, von den Meisten gefürchtet, wenn es in ihre Nähe kommen sollte, und der Beschreibung nach gehaßt von denen, die sie nicht kennen, oder die vergeßlich und undankbar sind gegen ihre Jugend, Vielen aber eine erfreuliche und anmuthige Erinnerung an die reichste und kräftigste Zeit des Lebens, und Wenigen, welche in den Zusammenhang eingeweiht sind, ein interessanter Gegenstand, und die dabei vorkommenden Schwierigkeiten zu lösen eine wichtige Aufgabe.

Sie hat zwei Seiten, diese Freiheit der Studenten, welche wir abgesondert betrachten wollen. Die eine ist die Freiheit, welche sie in Vergleich mit der Schule, von der sie herkommen, auf der Universität genießen, in Bezug vornemlich auf ihre geistigen Beschäftigungen. Sie sind dabei keiner Art des Zwanges unterworfen; nirgends werden sie hingetrieben und nichts ist ihnen verschlossen. Niemand befiehlt ihnen diese oder jene Lehrstunden zu besuchen; niemand kann ihnen Vorwürfe machen, wenn sie es nachlässig thun oder unterlassen. Ueber alle ihre Beschäftigungen giebt es keine Aufsicht, als nur so viel sie selbst einem Lehrer freiwillig übertragen. Sie wissen was von ihnen gefordert wird, wenn sie die Universität verlassen, und was für Prüfungen ihnen dann bevorstehen; aber mit welchem Eifer sie nun diesem Ziel entgegenarbeiten wollen, und wie gleichförmig oder ungleich ihn vertheilen, das bleibt ganz ihnen selbst anheimgestellt. Man sorgt dafür, daß es ihnen an Hülfsmitteln nicht fehle, um immer tiefer in ihr Studium einzudringen; wie gut oder schlecht sie sie aber benuzen, darüber zieht sie, wenn es auch bemerkt wird, wenigstens niemand unmittelbar zur Rechenschaft. So haben sie also volle Freiheit sich der Trägheit zu überlassen und den nichtswürdigen Zerstreuungen, und können anstatt eines löblichen Fleißes die schönste Zeit ihres Lebens unverantwortlich verschwenden. Und was für ein großer Schade ist es nicht, meint man, wenn auf diese Art viele Jünglinge ohne bedeutenden Nuzen von der Universität zurükkehren, da sie allerdings viel würden gelernt haben, wenn sie in besserer Zucht und Ordnung wären gehalten worden, und einem heilsamen Zwang unterworfen gewesen.

Allerdings würden Manche mehr lernen auf diese Art: allein man vergißt, daß das Lernen an und für sich, wie es auch sei, nicht der Zwekk der Universität ist, sondern das Erkennen; daß dort nicht das Gedächtniß angefüllt, auch nicht bloß der Verstand soll bereichert werden, sondern daß ein ganz neues Leben, daß ein höherer, der wahrhaft wissenschaftliche Geist soll erregt werden, wenn er anders kann, in den Jünglingen. Dieses aber gelingt nun einmal nicht im Zwang; sondern der Versuch kann nur angestellt werden in der Temperatur einer völligen Freiheit des Geistes, schon an und für sich, vornemlich aber unter Deutschen und mit Deutschen. So wie nur durch Liebe und Glauben, und dadurch daß man ihn empfänglich annimmt für beides, der Mensch kann unter das Gesez der Liebe und des Glaubens gebracht werden, nicht durch irgend eine Gewalt oder durch einen Zwang äußerer Uebungen; so auch zur Wissenschaft und zum Erkennen, welches ihn befreit vom Dienst jeder Autorität, kann er nur kommen, indem man lediglich durch die Erkenntniß und durch kein anderes Mittel auf ihn wirkt, indem man schon die Kraft in ihm voraussezt, welche ihn entbindet irgend einer Autorität zu dienen, als nur in so fern sie sein eignes Erkennen wird, und also aufhört Autorität zu sein. Und nun wir Deutsche noch besonders, wir geschwornen Verehrer der Freiheit nicht nur, sondern der Eigenthümlichkeit eines Jeden, die wir nie etwas gehalten haben von einer allgemeinen Form und Norm des Wissens wie des Glaubens, noch von einer einzigen unfehlbaren Methode dazu zu gelangen für Alle, wie können wir anders als annehmen, daß dieser höhere Geist des Erkennens in Jedem auf eine eigene Weise hervorbreche? wie können wir anders als annehmen und durch unsre Einrichtungen darthun, daß dieser Prozeß durchaus auf keine mechanische Weise könne gehandhabt werden, sondern einen ganz entgegengesezten Charakter, nemlich den der Freiheit, in allen seinen Theilen an sich tragen müsse? Darum können wir alles was dazu gehört nicht anders als höchst zart behandeln; darum sind wir überzeugt es müsse Jedem von den Anleitungen die dazu führen eine große Mannigfaltigkeit dargeboten werden, und versezen eben darum alle, denen wir zum Erkennen verhelfen wollen, in eine so große Gemeinschaft der geistigen Anregungen aller Art; darum sezen wir voraus, Jeder müsse am besten wissen, wie viel von diesen Anregungen er vertragen und sich aneignen könne; darum wollen wir gern Raum lassen Allem was Jedem von innen kommt, als den ersten Spuren und Andeutungen dessen was wir zu erreichen streben, und wollen Keinen darin beschränken, wie er beides mit einander mische und sich in jedes vertiefe; darum lassen wir Jeden, soviel es in einer Gemeinschaft möglich ist, auswählen die schönsten und kräftigsten Stunden, und ihn die anderen nuzen wie er will und kann.

So hängt dieser Theil der studentischen Freiheit innig zusammen mit unserer nationalen Ansicht von der Würde der Wissenschaft, und es müßte uns unmöglich sein, diejenigen anders zu behandeln, welche wir für bestimmt halten Wissende zu werden. Guter Rath darf nicht fehlen, und die Einrichtung der Universitäten giebt Veranlassung genug ihn zu ertheilen; aber auch die mindeste Spur von Zwang, jede noch so leise bewußte Einwirkung einer äußeren Autorität ist verderblich. Bei einer mechanischen schulmäßigen Einrichtung würde es ein Wunder sein, gesezt auch die Lehrer wären alle vortreflich, und alles übrige ebenfalls, wenn diejenigen, die wirklich fähig sind zur Erkenntniß zu kommen, auf der Universität und durch sie dazu gelangten; denn je mehr sich der Geist der Wissenschaft regt, desto mehr wird sich auch der Geist der Freiheit regen, und sie werden sich nur in Opposition stellen gegen die ihnen zugemuthete Dienstbarkeit. Und diejenigen, welche die Natur für die Wissenschaft bestimmt hat, sind doch die würdigsten die eigentlichsten Glieder der Universität; alles ist um ihretwillen da, alles muß sich auf sie beziehen, und nichts darf gelitten werden, was ihnen schlechthin zuwider sein müßte.

Wir haben freilich gesehn, daß die größere Anzahl immer aus solchen bestehen wird, welche nicht bestimmt sind in das Innerste der Wissenschaft einzudringen; aber eben so auch, daß es in dem Geiste der Universität liegt, keinen äußeren Unterschied in der Behandlung beider festzusezen, sondern von der Voraussezung auszugehn, als würden Alle sich zu jener Höhe erheben lassen. Darum müssen Alle sich dieser Freiheit erfreuen, und hievon ist um so weniger etwas nachzulassen, da ja gar nicht folgt, daß diejenigen, die freilich nicht den rechten Nuzen aus ihr ziehen, sie deshalb mißbrauchen müssen als eine Lokkung zur Trägheit und Zerstreuung. Ist doch auf jeder Universität bei weitem die größte die Anzahl der gar nicht genialischen oder sich eigenthümlich und auszeichnend entwikkelnden, aber doch treuen und fleißigen Jünglinge. Und das ist auch ganz natürlich. Denn diejenigen, in welchen sich keine höhere Kraft regt, und oft wild und verworren genug äußert, ehe sie aus der Gährung in die Klarheit des Bewußtseins übergeht, diese sind desto lenksamer durch alles was ihnen edel erscheint. Auf sie ist zu wirken durch die Macht der Liebe und der Ehre, in ihnen ist lebendig zu erhalten die Anhänglichkeit an das Haus, an den Staat, an den Beruf den sie sich vorgesezt haben, an alles was Gesez und Ordnung heißt. Wenn also Eltern und Pfleger Jünglinge zur Universität senden, in denen sie den Genius vermissen, welcher die Freiheit schlechthin fodert; so mögen sie nur dafür sorgen, sie hinzusenden aufs festeste gebunden durch alle diese schönen Bande. Die Universität kommt ihnen ja auf alle Weise zu Hülfe. Sie bietet religiöse Anstalten dar, welche nicht etwa nur um dieser untergeordneten Glieder willen, sondern eben so sehr auch für die edelsten und treflichsten, um die Wissenschaft und die innerste Kraft des sittlichen Lebens auf das festeste zu binden, nirgends fehlen sollten; sie vergegenwärtiget in den Entlassungen derer, welche die öffentlichen Zeugnisse ihrer fortgeschrittenen Bildung ausstellen, die Zeit, wo Jeder anfängt zu erndten, was er gesäet hat; sie besizt eben in ihren Seminarien, ihren Preisaufgaben, ihren dargebotenen Belohnungen und Ehrenzeichen sehr kräftige Ermunterungen zum Fleiß und Erwekkungen der Ehrliebe. Giebt es aber auf der Universität Jünglinge, welche weder durch diese Mittel zu einem regelmäßigen Studium zu bringen sind, noch Kraft jener Freiheit selbst, und der durch sie sich entwikkelnden innern Lust und Liebe, zur Wissenschaft unmittelbar, den dargebotenen Unterricht nuzen: so sind dies unstreitig solche, welche gar nicht auf eine Universität, und gar nicht, auch nicht als treue Arbeiter in das Gebiet der Wissenschaft gehören, welche entweder ganz abgeneigt sind der Erkenntniß, oder gar auch einer niedrigen Denkungsart hingegeben. Daß sich dies eher zeigt in diesem Reiche der Freiheit und vielleicht schneller die Oberhand gewinnt, das ist weder für sie selbst, für ihre Sittlichkeit und ihren persönlichen Werth, noch auch für die Gesellschaft ein Verlust zu nennen, welche es lieber darauf wagen muß, daß solche die schon einen unrichtigen Weg eingeschlagen hatten, die Zeit verlieren, oder eiliger in ihr Verderben gehn, als daß sie denen, auf welchen ihre schönsten Hofnungen ruhen, das Mittel entziehen sollte, diese wirklich zu erfüllen. Mögen diejenigen zusehn, welche ihre Pflegebefohlenen in diesen reichen und üppigen Boden verpflanzen, wo freilich ganz umkommt, was seiner nicht bedurft hätte, um zu gedeihen! Die Freiheit aber mit jedem den Versuch zu machen, wie er ihm zusagt, darf weder der Staat noch der wissenschaftliche Körper beschränken. Wenn der lezte schon auf den gelehrten Schulen über der angehenden Jünglinge geistigen Zustand Gutachten ausstellt, welche ihren Pflegern als Rath und Wink dienen können; wenn der erstere die gesezliche Nothwendigkeit die Universität besucht zu haben nicht über die Gebühr auch auf solche Geschäfte ausdehnt, die mit der Wissenschaft gar nicht zusammenhängen; wenn er das Vorurtheil nicht beschüzt, als seien die Universitäten das einzige Mittel um zu einem gewissen sehr mäßigen Grade einer ziemlich oberflächlichen geistigen Bildung zu gelangen: so ist alles geschehen was geschehen konnte, um diejenigen vor der Universität zu bewahren, denen sie verderblich sein muß.

Doch betrachten wir nun auch die andere Seite der studentischen Freiheit. Diese nemlich ist Freiheit in Vergleich mit dem Zustande, welcher auf die Universität folgt, wenn Jeder in die bürgerlichen und in die gewöhnlichen geselligen Verhältnisse eintritt. Das Wesentliche dieser Freiheit recht zu fassen ist eigentlich nicht leicht. Der eigene Gerichtsstand ist wol nur ein sehr weniges oder gar nichts davon. Auch kann man nicht sagen, daß den Studenten etwa Vergehungen gegen die Geseze nachgesehen würden, welche in andern Verhältnissen der Strafe nicht entgehen könnten. Vielmehr genießen sie hierunter keiner andern Begünstigungen, als welcher sich die Jugend überhaupt erfreut, ja sie sind noch Strafen ausgesezt, welche härter sind als alle sonst gewöhnlichen, weil sie, wenigstens der Absicht des Gesezes nach, einen entscheidenden Einfluß auf die künftige Lebenszeit haben. Eben so wenig ist die Sache in andern bestimmten Vorrechten zu suchen, welche die Studenten als ein eigen privilegirter Stand genössen. Genau genommen möchte das Wesen dieser Freiheit nur darin bestehen, daß die Studenten unter sich von fast alle dem sich frei halten, was sonst in der Gesellschaft Convenienz ist, daß sie sich an die Sitten nicht binden, denen hernach Jeder in dem Stande, welchen er wählet, sich fügen muß, sondern daß sich auf der Universität die verschiedensten Sitten und Lebensweisen auf das freieste entfalten können. Auf der Straße leben und wohnen auf antike Art; sie mit Musik und Gesang, oft ziemlich rohem, erfüllen, wie die Südländer; schlemmen, wie der Reichste so lange es gehen kann, oder einer Menge von gewohnten Bequemlichkeiten bis zu cynischer Unordnung entsagen wie der Aermste, ohne eines von beiden zu sein; die Kleidung aufs sorgloseste vernachlässigen, oder mit zierkünstlerischer Aufmerksamkeit eigenthümlich daran schnörkeln; eigne Sprachbildung, eigene geräuschvolle Arten Beifall oder Tadel zu äußern, und ein vorzüglich auf diese ungestörte Mannigfaltigkeit sich beziehender, gewissermaßen öffentlich eingestandener und gestatteter Gemeingeist, dies ist unstreitig das Wesen der studentischen Freiheit, und alles was sich sonst noch daran hängt nur zufällig.

So die Sache angesehen, möchte man fast zuerst fragen, warum denn diese Freiheit so übel berüchtiget ist, und warum es sie denn nicht geben soll? Die kleinen Unordnungen und die Verschwendung väterlicher Güter, welche daraus in einzelnen Fällen entstehen, sind Kleinigkeit gegen das was die Jugend der begüterten Stände, auch ohne alle Universität in andern Verhältnissen ausübt. Die kleinen Unbequemlichkeiten, welche den Einwohnern eines Universitätsortes daraus erwachsen, müssen eben als ein lokales Uebel angesehen werden, deren eines oder das andere es doch überall giebt, und nachtheiligen Folgen dieser Art vorzubeugen ist eine Aufgabe theils für die Polizei, theils für den Einfluß, welchen sich Lehrer und Vorgesezte müssen zu erwerben suchen. Wenn doch diese Freiheit sich so von selbst bildet, daß sie von dem innersten Geiste der Universität unzertrennlich zu sein scheint; wenn doch hier die Mannigfaltigkeit und Eigenthümlichkeit der Sitten um so stärker heraustritt, als in anderen Ständen die Gleichförmigkeit und Charakterlosigkeit überhand nimmt: so scheint sie ja ein heilsames Gegengewicht, welches man müßte gewähren lassen, wenn nicht die wichtigsten Gründe entgegenstehn. Man nehme hinzu, daß in der Art, wie die meisten Menschen sich eingestanden ungern den lästigen Formen fügen, wie die niedern Stände den höhern schmeicheln und sich schmiegen, diese Jünglinge, welche die Wahrheit und das Wesen der Dinge und des Lebens suchen, zunächst nichts anderes sehen können, als Feigherzigkeit, Trägheit, niedrigen Eigennuz. Soll man ihnen nicht vergönnen hiegegen den Einspruch so stark und so praktisch als möglich auszudrükken.

Doch es ist warlich auch sehr leicht einzusehen, warum diese Freiheit statt finden muß, und daß sie

Beziehungen von der größten Wichtigkeit hat. Im allgemeinen ist die Zeit, wo der Mensch sein besonderes Talent unterscheiden lernt, wo er sich seinen Beruf bildet, und aus dem Zustande des persönlichen Unterworfenseins, des Gehorsams, in ein selbstständiges Dasein übergeht, zugleich auch die, wo sein Charakter sich festsezt, wo sein Gemüth eine bestimmte Richtung nimmt, und ein bleibendes Verhältniß von Neigungen sich entwikkelt. Daß also hier der Uebergang zur Selbstständigkeit, daß das Werden des Lebens durch freie Wahl sich auch äußerlich ausprägt, ist natürlich, und es zeigt sich dies auch mehr oder weniger in allen Verhältnissen. Bei denenjenigen aber, die sich der Erkenntniß ergeben haben, soll ja diese Entwiklung nicht nur die eigenthümlichste sein, weil sie sonst auf einer niedrigeren Stuffe zurükbliebe als ihrem Streben nach Erkenntniß ziemt; sondern sie muß auch, damit nicht das alte abgedroschene sich bewähre, daß die Gelehrtesten am wenigsten sehen was vor den Füßen liegt, ebenfalls eine Sache des Erkennens sein, sie müssen sich selbst wie sie werden auf das bestimmteste finden. Darum eben sorgt man sie aus der Familie zu entfernen, damit nicht das Gemeinsame derselben die persönliche Eigenthümlichkeit zu überwältigen scheine; darum hält man sie noch zurück von der Verbindung mit dem Staate, damit sie dieser großen Gewalt nicht eher anheimfallen, bis sie ihr eigenthümliches Dasein, so wie es einem Erkennenden geziemt, festgestellt haben. Dies alles aber würde umsonst sein, wenn sie sich nicht eine Zeitlang in einer Lage befänden, wo sie ganz ihrem eigenen sittlichen Gefühl überlassen sind, wo nichts bloß Aeußeres, wie eine in der Gesellschaft, welcher sie noch nicht angehören, gebildete Schiklichkeit für sie allerdings wäre, ihre Neigungen zurükhält, wo sie jede Weise und Ordnung des Lebens versuchen und sehen können, wie mächtig jede Lust und Liebe in ihnen zu werden vermag. Dadurch allein werden sie fähig in der Folge ihre Stellung und ihre Lebensweise richtig zu wählen, und keine andere Verbindungen zu knüpfen, als die ihrer Natur angemessen sind. Die durch diese Freiheit hier zu weit geführt werden, die ihr eignes sittliches Gefühl nicht in solchen Schranken hält, daß sie ihrer Würde nicht verlustig gehen, das sind offenbar auch die, welche gar nicht auf die Universität gehörten, welche diese Würde, deren sie so leicht verlustig gehen, nie besessen haben, und deren, wie man meint hier erst verderbte, Sittlichkeit nichts gewesen ist als ein erzwungenes Werk äußerer Zucht und Gewöhnung. Denn wer in der That Wahrheit sucht, und Andere sollten doch nicht sein Mitglieder dieser Anstalt, der ist auch in sich selbst sittlich und edel; bei ihm wird auch die Erkenntniß vorzüglich Eingang finden, die ihn das Niedrige als nichtseiend und leer verwerfen lehrt; und wenn ein solcher auch in mancherlei Verirrungen hineingeworfen wird, und so die Gewalt der Natur an sich selbst erfährt, so werden auch diese nicht an ihm verloren, und noch weniger von solcher Art sein, daß man aufhören müßte ihn zu achten und zu lieben. Die aber keiner andern als einer von außen hervorgebrachten Sittlichkeit fähig sind, werden auch keiner wahren Erkenntniß fähig sein, ja auch nicht der Einsicht und Bildung, welche selbst in den mehr Untergeordneten auf der Universität soll hervorgebracht werden. Wenn sie also Schaden leiden durch die Art wie sich diese Unfähigkeit offenbart, so ist er nicht den für ihre wahren Mitglieder nothwendigen Einrichtungen dieser Anstalt zuzuschreiben.

Aber es lohnt wol, daß man nicht nur das Innere sondern auch das mehr Aeußerliche dieser Freiheit betrachte, nicht nur was sie für den Charakter ist, sondern auch was für die Sitten. Die Sitten sind der Ausdrukk der innern Sittlichkeit, und inwiefern sie sich als etwas gemeinsames bilden, und als eine Norm für Mehrere, sind sie der Ausdrukk ihrer gemeinsamen Sittlichkeit, ein Werk des Bewußtseins, welches jede Gesellschaft und jede Abtheilung derselben hat von ihren Verhältnissen. Soll nun die Sittlichkeit reiner werden, und das Bewußtsein klarer: so müssen auch die Sitten und das was für anständig gilt, nicht unveränderlich sein, sondern bildsam, und müssen auch wirklich gebildet werden. Hier ist nun eben der Vorzug und die Eigenthümlichkeit von Deutschland, daß von jeher die Bildung der Sitten nicht ausgegangen ist von den äußerlich höheren Ständen, deren Hoheit ja eben auch nur Sitte ist, und also in Frage steht, sondern von denen, welchen vermöge ihres Geschäftes die ursprünglich bildende Kraft der Erkenntniß einwohnen muß. Diese haben theils in ihrem Kreise unmittelbar den freieren Stil des Lebens eingeführt, der sich von da aus verbreitet hinauf und hinabwärts; theils prüfend entschieden, was von dem vorhandenen oder anderwärts neu entstehenden verworfen zu werden verdiene oder angenommen. Die also auf der Universität sich zur

Erkenntniß bilden, sind zugleich die welche in Zukunft auch die Sitten bilden sollen. Können wir nun von diesen verlangen, daß sie immer nur aus Gehorsam in Gehorsam gehen sollen, aus dem des väterlichen Hauses in den der Convenienz ihrer künftigen Verhältnisse? sollen sie von Anfang an und immer dem unterworfen sein, was sie bilden sollen? Vielmehr kann ja der Uebergang von dem Gehorsam zu ihren bildenden Einflüssen nur der sein, durch eine Periode, in welcher sie sich frei fühlen von solchem Zwang, in welcher Jeder, eine große Mannigfaltigkeit vor sich habend, seine eigenen Sitten sich frei bildet, wie er sie seinen jezigen Verhältnissen angemessen findet; nicht damit sie so bleiben, was ja auch nicht geschieht, sondern damit er lerne, auch in künftigen Verhältnissen die Sitte, die er findet, ihnen angemessener gestalten. Darum ist die Universität so nothwendig zugleich ein Sammelplaz von Menschen aus den verschiedensten Gegenden; darum arbeitet diese Freiheit, wie sie sich unter uns gestaltet hat, so vorzüglich auf das hin, was uns grade am meisten fehlt, auf den liberalen Ausdrukk des Eigenthümlichen auch in einer gemeinsamen Form. Wer Gelegenheit gehabt hat zu beobachten, dem wird auch nicht entgangen sein, wie sich die studentische Freiheit als ein wirksames Mittel zu diesem Zwekke bewährt, wie sehr sie, zumal wenn auch die Erkenntniß der Jünglinge auf diesen Punkt gerichtet wird, hilft das Wesentliche und Wahre vom Zufälligen und Leeren unterscheiden, und finden lehrt, was auf der einen Seite nothwendig geschehen muß, und was auf der andern höchstens geschehen kann unter den gegebenen Umständen.

Daß die Jünglinge sich hernach anfänglich scheu zeigen und verlegen, daß ihre ersten Versuche in der Gesellschaft oft linkisch ausfallen, ist kein Unglükk, und der Fehler würde sich noch eher verlieren, wenn das Verhältniß der Studenten zur Gesellschaft auf der Universität selbst richtiger organisirt wäre. Die Studirenden bedürfen einer großen Abgeschiedenheit von den übrigen; sie dürfen in die Leerheit des gewöhnlichen geselligen Verkehrs nicht hineingezogen werden. Auf der andern Seite aber kann sich nie eine Klasse von Menschen ungestraft ganz isoliren. Das rechte Maaß ist auch hier ein natürliches. Wenn der Umgang der Lehrer mit den Schülern lebendig und auf den rechten Ton gestimmt ist; wenn die Ausgezeichnetern, die allein daran Theil nehmen können, auch von allen andern

Seiten so qualificirt sind, daß ihnen ein bedeutender Einfluß auf ihre Gefährten nicht entgehen kann; wenn die Aelteren die rechte Gewalt ausüben über die Neulinge, alles ohne dem Wesen der studentischen Freiheit zu nahe zu treten: so wird auch hier das Rechte immer mehr erreicht werden, und das nach jedem vernünftigen Maaßstab rohe und ungeschlachte Wesen sich immer mehr verlieren.

Wohl! wird auch dies alles zugegeben, so klagt man noch über zwei große und wesentliche Uebel, welche jene Freiheit begleiten, und von welchen Unrecht wäre ganz zu schweigen.

Das eine ist, daß die Studenten alles nichtstudentische in diesen einen großen Gegensaz als Philisterwesen zusammenwerfen, und sich jede nur nicht offenbar straffällige Verhöhnung dagegen erlauben. Dieser herrschenden Stimmung liegt aber etwas sehr wahres zum Grunde, nemlich der Gegensaz zwischen dem höchsten bildenden Princip, welches sie in sich zu entwikkeln da sind, und der rohen gemeinen der Bildung widerstrebenden Masse, der sich ihnen desto stärker aufdringt, je weniger sie selbst noch in dem lebendigen bildenden Verhältniß zu dieser Masse stehn. Die Verachtung und Härte gegen die widerstrebende sittliche und geistige Rohheit sollte man ihnen nur recht tief einprägen, und es ihnen zum Ehrenpunkt machen, in dieser Hinsicht immer Studenten zu bleiben. Wenn sie aber glauben das bildende Princip nur unter sich, und überall sonst die verächtliche Masse zu finden: so ist das der Ausbruch des Uebermuthes der zurükgedrängt werden muß, und die natürliche Folge jener zu starken Isolirung. Aber im Ganzen kann man auch der Gesammtheit dieser Jünglinge Gerechtigkeitssinn nicht absprechen; das achtungswerthe, was sich ihnen als solches offenbart, wissen sie zu ehren. Man zeige ihnen nur recht viel Edles in recht freien Formen; man sorge nur dafür, daß sie nicht unter denen, die ihnen die Nächsten sind, unter ihren Lehrern, das Gemeine haufenweise erblikken: so wird auch hier der Mißbrauch leicht beseitiget werden, ohne daß das Gute verloren geht.

Das andere ist der Zweikampf, und dieser ist eine höchst natürliche und unvermeidliche Erscheinung. Diejenigen, welche die Wissenschaft suchen und in noch nichts anderes verflochten sind, sind dem Staate mehr als sonst irgend ein Einzelner fremd, und können nicht gewohnt sein einander aus dem Gesichtspunkte des Bürgers zu betrachten. Auch insofern sie damit beschäftiget sind, ihrer Person die höchste Würde zu verschaffen und sich innerlich durch Erkenntniß über alle Andere zu erheben, müssen sie, hinzugenommen das Feuer der Jugend, am reizbarsten sein gegen Kränkungen, die ihrer Person widerfahren, und können weniger als Andere in Ehrensachen Recht und Genugthuung vom Gesez nehmen, da dies fast überall Erörterungen vorschreibt, welche das reizbare Gefühl aufs Neue empören — oder Abstufungen in der äußern Würde, und dem gemäß auch Verschiedenheiten in der Zurechnung und Strafe der Beleidigungen annimmt, welche sie sich nicht können gefallen lassen. Dazu kommt, daß so wie in den Augen der der Wissenschaft Beflissenen ihre Person den höchsten Werth hat, sie auf der andern Seite noch durch keine besondere Verbindung verpflichtet sind, ihrer zu schonen, und daß also für das höchste Gut auch der höchste Preis geboten und gewagt wird. Es liegt zu Tage, daß die Sühne für persönliche Beleidigungen die Aufgabe ist, welche der Staat noch am wenigsten zu lösen weiß, und in allen Ständen offenbart sich die Neigung sich selbst zu helfen. Aus dem Gesagten erhellt nun wol, daß so lange es noch irgend einen Stand giebt, bei welchem der Zweikampf die übliche Form dieser Selbsthülfe ist, gewiß auch auf der

Univer-

Universität keine andere wird gebräuchlich sein, und daß in Zukunft wie bisher alle Anstalten ihn abzuschaffen vergeblich sein werden, bis etwa auf einem andern Wege die Gesezgebung und das herrschende Ehrgefühl einander näher gekommen sind. Tragische Ausgänge sind auch so selten, daß man bei weitem weniger Aufheben von der Sache machen würde, wenn nicht unter den bürgerlichen Ständen eine panische Furcht herrschte vor dem Gedanken an das Klirren der Degen. Daß jedoch großer Mißbrauch mit dem Zweikampf getrieben wird, läßt sich nicht läugnen, auch wenn man die Sache selbst als unvermeidlich ansieht. Aber eben gegen diese Mißbräuche ließe sich viel thun, wenn man nicht so hartnäkkig darauf bestände, alle Mittel die man in Händen hat, nur an der vor der Hand unmöglichen Abstellung zu verschwenden. Vorzüglich müßten alle gymnastischen Uebungen und namentlich das Fechten unter öffentlicher Autorität kunstmäßig bis zur höchsten Vollkommenheit getrieben werden. Dadurch würde der Zweikampf nicht nur minder gefährlich werden, sondern auch indem Jeder sich den Ruf der Gewandtheit, der Stärke, des Muthes schon durch die Uebungen erwerben könnte, würden die Treflichsten es am leichtesten verschmähen dürfen, für jede Kleinigkeit Genugthuung zu fordern, weil doch Niemand es auslegen könnte als Feigherzigkeit, und so würde das Ehrgefühl selbst von innen heraus sich allmählig berichtigen. Ja auch viele Veranlassungen zum Schlagen würden wegfallen. Denn auch hier zeigt sich welch eine gefährliche Sache es ist, wie ein alter Weiser sagt, die Seele zu üben ohne den Leib. Weil es auf den Universitäten so Viele giebt, die dieses thun, so entsteht eben daraus auch das Entgegengesezte, daß Viele wiederum den Leib üben ohne den Geist, und in diesen bildet sich dann das äußere Ehrgefühl des Standes welchem sie angehören auf eine desto herbere und leidenschaftlichere Art bis zur wirklichen Schlagesucht. Ist hierin das Gleichgewicht hergestellt, so werden nur noch wenige Fälle übrig bleiben für unvermeidlichen Zweikampf. Anerkennen kann der Staat, und selbst die Corporation der Universität insofern sie gerichtliche Functionen ausübt, freilich auch diese nicht; aber sie wird dann die Maaßregel, die Zweikämpfe so viel möglich zu ignoriren, wenigstens auf diejenigen nicht mehr anwenden dürfen, welche die gymnastischen Uebungen verabsäumt und sich geschlagen haben ohne ausgelernte Fechter zu sein, auch auf diejenigen nicht, welche den bei weitem zufälligeren Schuß dem Gefecht vorziehen. Dadurch würde, bei gehöriger Wachsamkeit, ohne dem Ehrgefühl zu nahe zu treten, dieses gefährliche Spiel bald in die möglichst engen Schranken zurükgewiesen werden.

6.

Von Ertheilung der gelehrten Würden.

Dies ist unstreitig die am meisten veraltete Parthie unserer Universitäten. Die scholastische Form der Disputationen ist zu einem leeren Spielgefecht geworden: und da man es auch mit dem übrigen durchgängig nicht sonderlich genau genommen hat, so ist der Credit fast aller auf der Universität ertheilten Würden tief unter den Punkt der Satire herabgesunken. Es fehlt nur noch, daß man es als einen Maaßstab der größten Schnelligkeit angäbe, wie ein Student sich in einen Doctor der Philosophie verwandelt. Der größte Beweis aber dieses allgemeinen Mißcredits ist, daß häufig der Staat diese Würden nicht einmal für zureichend hält, um den Besizern ohne weitere Prüfung die Praxis in den Gerichtshöfen oder auch die ärztliche zu verstatten, was in der That eine solche Unzufriedenheit desselben mit den Universitäten voraussezt, daß man sich nur wundern muß, wie er sie doch sonst anerkennt und unterstüzt. Fast nur in den ehemaligen kleinen Reichsländern und Reichsstädten die selbst keine Universitäten haben, gleichsam als ob dies nur bei minderer Kenntniß der Sache möglich wäre, hat sich noch die Achtung für diese Würden erhalten, welche der Idee derselben angemessen ist. Und doch geschehen diese öffentlichen Erklärungen großentheils für den Staat und in Beziehung auf ihn. So geht es, wenn ein Institut das klare Bewußtsein seines Zwekkes sich nicht erhält, und also verfehlt, sich allmählig nach Maaßgabe desselben umzubilden. Dann ist ihm späterhin nicht anders mehr zu helfen als durch große durchgreifende Reformen; und nur durch diese könnte auch den Graden, welche die Universität ertheilt, ihr verlorenes Ansehn wieder verschafft werden.

Die wahre Bestimmung der gelehrten Würden ist leicht einzusehn, wenn man sich an das bisher Gesagte hält. Soll es einen wissenschaftlichen Verein geben als eine äußere Gesellschaft: so muß es auch eine äußere Handlung geben, durch welche der Einzelne aus der übrigen Masse abgesondert und in denselben aufgenommen wird. Da nun auf der gelehrten Schule diese Sonderung nicht streng und eigentlich erfolgen kann, sondern auch zur Universität noch alle diejenigen müssen zugelassen werden, welche sich auf der Schule nur ein vorläufiges Recht erworben haben, nach dieser Aufnahme zu streben: so kann diese Handlung nur nach zurükgelegter Laufbahn auf der Universität erfolgen. Natürlich aber ist die Aufnahme selbst und die Entscheidung über die Würdigkeit auf das genaueste verbunden, und die leztere kann nur dadurch entstehen, daß durch die That selbst ein einstimmiges Urtheil des Aufzunehmenden und derer welche den wissenschaftlichen Verein dabei repräsentiren sich bilde. Hieraus erklärt sich auch die Form dieser Handlungen im Allgemeinen. Es muß dadurch documentirt werden, daß der Einzelne den Geist der Wissenschaft als Princip in sich aufgenommen hat; dies geschieht durch das Gespräch, durch die Disputation, wodurch er veranlaßt wird, seine Denkungsart und das Innere seiner Ansichten zu eröffnen, und zu zeigen, welcher Combinationen er fähig ist. Dabei liegt der alte Saz zum Grunde, daß die dialektische Consequenz bewähren müsse, ob etwas Aufgestelltes in wissenschaftlichem Geist hervorgebracht sei oder nicht. Es soll aber auch ferner documentirt werden die Fähigkeit des Aufzunehmenden die Wissenschaft weiter zu bilden. Darum muß er auch bewähren, wie er in einem einzelnen Felde des realen Wissens einheimisch, und mit dessen Fortschritten sowol als dessen Bedürfnissen bekannt ist; und dies soll eben geschehen, durch die abzufassenden Dissertationen oder durch die eigentlichen mündlichen Prüfungen. So kann es nicht fehlen daß in dem Aufzunehmenden, wenn nicht eine von beiden Parteien bösen Willen hat, ganz dasselbe Urtheil entsteht wie in seinen Richtern. Denn mit dem Produkt zugleich, welches ihnen die Anschauung von seinem Zustande giebt, muß sich auch sein eignes Selbstgefühl dem analog entwikkeln. Die eigentliche Aufnahme besteht nur in symbolischen Gebräuchen, welche die Handlung beschließen.

So erscheint die Sache ganz einfach; allein sie wird weit verwikkelter, wenn man sie näher betrachtet. Auf die Universität nemlich gehen Viele, die sich zwar nicht durch lebendige Vereinigung des wissenschaftlichen Geistes und des Talentes zu wahren Mitgliedern des wissenschaftlichen Vereins ausbilden, aber doch vermöge ihres Talentes eine

Menge von Kenntnissen einsammeln und Fertigkeiten erlangen, und so viel Ehrfurcht und Anhänglichkeit gewinnen für das was auf dem eigentlich wissenschaftlichen Gebiet vorgeht, daß man erwarten kann, sie werden sich in der Anwendung ihrer Talente durch die wissenschaftlichen Geister leiten lassen. Dies sind Arbeiter auf dem Gebiet der Wissenschaft. Ob nun diese als Mitglieder des Vereins sollen angesehen, und also auch, wiewol in einem andern Sinne und auf andere Weise, darin aufgenommen werden, oder ob er sie nur durch vortheilhafte Zeugnisse seinen Mitgliedern als brauchbare Werkzeuge für bestimmte Fächer empfehlen soll, das hängt schon davon ab, in wie strengem oder weitem Sinne der Begriff dieses Vereins gefaßt wird, und kann recht sein so oder so. Aber auch unter den wahren Mitgliedern zeigt sich ein Unterschied für den wissenschaftlichen Verein. Ihr Talent nemlich kann, wie wir zu sagen pflegen, mehr praktisch sein oder mehr theoretisch, und dann auch ihre Gesinnung und Lebensweise mehr gelehrt oder mehr politisch. Die lezteren werden, wie sehr sie auch vom wissenschaftlichen Geiste durchdrungen sind, dennoch mehr darnach streben, das Erkannte auf eine reale Weise darzustellen, die Wissenschaft mit dem Leben zu einigen, und ihre Früchte in dasselbe überzutragen, als daß sie an ihr selbst arbeiten und bilden sollten. Nur diejenigen aber, welche sich das lezte zum Geschäft machen, werden die höchsten sein für den wissenschaftlichen Verein; nur sie werden die Stellen ausfüllen auf der Universität und in der Akademie, und wenn sie an öffentlichen Geschäften Theil nehmen, dieses, eben wie jene das Lehren, nur als Nebensache ansehn. Sie allein sind also die eigentlichen Doctores, von denen aber auch in einem höheren Grade muß gefordert werden, daß sie von dem Zustande einer besonderen Wissenschaft genaue Kenntniß, und in der Handhabung derselben großes Geschikk beweisen. Hier sind nun vorzüglich die Proben der Gelehrsamkeit an ihrer Stelle, und müssen eigentlich immer von der Art sein, daß sie etwas merkwürdiges bleiben für dieses Gebiet. Ein Doctor, welcher nicht gleich bei seinem Eintritt in diese Würde eine Spur von seinem Dasein zeichnet welche allgemeine Aufmerksamkeit erregt, und während der Epoche, in der sich die Wissenschaft eben befindet, nie ganz verschwinden kann, ein solcher ist eigentlich seines Namens unwürdig. Was der zu Erhebende mit einer solchen Probe noch weiter verbinden will, zum Beweise seines Talentes für das Lehrgeschäft, welches ihm natürlich anheim fällt, das hängt am besten von ihm selbst ab, ob ein gelehrtes Gespräch oder eine kleine Anzahl von Vorlesungen über einen bestimmten Gegenstand. Oder wenn er dennoch die Form der Disputation wählen wollte, die eigentlich hieher am wenigsten gehört, und nur in den scholastischen Zeiten der Theologie, aus den sie herübergenommen ist, alles in allem sein konnte: so müßte ihr nur der Zwekk untergelegt werden, daß er als Schiedsrichter der eigentlich Streitenden die Gabe zeigte, den Gang ihrer Rede so zu leiten, daß der Gegenstand klar werden müßte, und zu verhüten, daß sie sich nicht durch Mißverständniß immer tiefer verwikkelten.

Welches ist nun aber weiter das richtige Verhältniß der Facultäten in Absicht auf die Ertheilung dieser Würden? Daß jene Zeugnisse, oder wenn es als mehr angesehen werden soll der niedrigste Grad, von jeder Facultät für sich ertheilt wird, versteht sich von selbst, da es hiebei nur auf die innerhalb ihres besonderen Gebietes erworbenen Kenntnisse ankommt. Dasselbige gilt von der höchsten Würde der Doctoren, inwiefern diese von dem vorangehenden mittleren Grade sich sondert und allemal auf ihn gepfropft wird. Ohnstreitig ist dies das richtigste, da Jeder, sobald er den wissenschaftlichen Geist in sich lebendig fühlt, auch nach den äußerlichen Zeichen dieses Vorzuges streben wird, jenes andere aber, ob Neigung und Talent mehr auf das praktische hingehe oder auf das theoretische, sich gewöhnlich erst später entscheidet. Dann also hat man es wiederum nur mit dem Gebiet jeder besonderen Facultät bei Erlangung dieser höchsten Würde zu thun, und jede kann also auch unter dieser Voraussezung für sich verfahren. Ob aber auch jene eigentlich erste Würde, da sie zugleich die Aufnahme in den gesammten wissenschaftlichen Verein ist, und dabei alles auf den Geist und das Vermögen der Erkenntniß überhaupt ankommt, ob diese zu ertheilen auch die Sache der einzelnen mehr positiven Facultäten sein kann, die nur durch ihre Verbindung mit der philosophischen den wissenschaftlichen Verein repräsentiren können, und sie nicht vielmehr wo nicht ausschließlich doch vorzüglich von der philosophischen Facultät ausgehn muß, dies ist gewiß sehr zu überlegen. Am nächsten scheint hier die theologische Facultät sich an das zu halten was die Natur der Sache erfordert. Die niedrigste Bewährung pflegt sie nur durch Zeugnisse zu beurkunden; von zwei verschiedenen Graden zeigen sich fast nur noch da Spuren wo sie sich mehr als Specialschule, und nicht auf eine lebendige Weise mit den andern und der philosophischen zu einer Universität vereiniget zeigt. Bei Ertheilung ihrer Doctorwürde aber sezt sie in der Regel die philosophische voraus, und läßt leztere allein auch bei sich den niederen Grad vertreten, natürlich in Voraussezung der von ihr selbst eingeholten Zeugnisse. Offenbar wenigstens müßte überall bei dieser ursprünglichen Aufnahme die philosophische Facultät mit zugezogen werden, da keine andere als sie für sich allein die Einheit des wissenschaftlichen Vereins unmittelbar repräsentirt. Innerhalb dieser Facultät selbst aber tritt wiederum mit wenigen Abänderungen dasselbe Verhältniß ein, welches zwischen ihr und den andern Facultäten statt findet, weil sie nemlich in sich selbst auch ein Centrum hat, die Philosophie im engen Sinne, und nach außen mehrere Seiten, die realen Wissenschaften. Zeugnisse kann sie nur ausstellen über geschichtliche und naturwissenschaftliche Kenntnisse; denn wer von der höheren Philosophie nur Kenntnisse hat, ohne den wissenschaftlichen Geist, abgerechnet daß nach solchen kaum Jemand fragen wird, der hat sie auch nur geschichtlich. Zwei Grade aber müßten in ihr auch unterschieden werden, indem Alle, welche von der Universität aus entweder in die Staatsverwaltung oder in die Naturbearbeitung für den Staat in einem großen Sinne eingreifen wollen, billig den wissenschaftlichen Geist in sich müssen ausgebildet haben, dennoch aber manches entbehren können, was dem, der den Beruf des Lehrers fühlt, nicht fehlen darf. In beiden Graden wird Jeder immer einen bestimmten Zweig des realen Wissens angeben können, von dem er vorzüglich ausgehn will; weshalb denn außer den Philosophen im engeren Sinne auch diejenigen vorzüglich seine Richter sein mögen, welche diesen Zweig bearbeiten, wiewol auch das nicht das rathsamste sein möchte, da doch in der Folge kein Gebiet dem Aufgenommenen verschlossen ist; auf jeden Fall aber werde, wer die Würde eines Doctors erhält, zum Doctor der Philosophie schlechthin ernannt, ohne einen Beisaz, der auf eine einzelne Disciplin hinweiset. Denn die Facultät, welche vorzugsweise die Einheit aller Wissenschaften repräsentirt, die ohnedies von allen Seiten her genugsam verdunkelt wird, muß auch in ihren feierlichen Handlungen diese Einheit bestimmt aussprechen. Doctoren der Geschichte oder der Aesthetik zu ernennen, ist fremd und lächerlich, und wird gewiß, wenn man es auch willkührlich einführt, nicht bleibend sein und geschichtlich werden.

Was aber nicht wesentlich zu sein scheint bei diesen Handlungen, sondern nur dem früheren Zustande der Roheit und Unwissenschaftlichkeit unserer Sprache angemessen, das ist der durchgängige Gebrauch der lateinischen in allen diesen Geschäften. Gewiß hat diese Einrichtung, weil die größere Menge sich dabei zu mancherlei Verfälschungen versucht fühlen mußte, nicht wenig beigetragen, die gelehrten Würden selbst um ihren guten Ruf zu bringen. Je mehr wir auch Fortschritte machen, um desto mehr muß gewiß jene schon längst abgeschlossene Sprache sich zur wissenschaftlichen Darstellung für uns, außer auf dem philologischen und vielleicht mathematischen Gebiet, unbrauchbar zeigen. Was für Gewinn soll auch entstehn, wenn, was deutsch vortreflich gesagt werden konnte, in römischer Sprache mittelmäßig auftritt? Es ist genug, wenn außer jenen Gebieten die römische Sprache rein und zierlich bei solchen öffentlichen Gelegenheiten erscheint welche mehr eine populäre und schöne, als eine wissenschaftliche und gründliche Darstellung fordern, und wo sich der Redner nach Belieben in dem Gebiet antiker Gesinnung und Ansicht halten darf.

So ohngefähr gestalten sich die gelehrten Würden rein aus dem Gesichtspunkt des wissenschaftlichen Vereins angesehen; was für Rüksichten aber hat wol der Staat darauf zu nehmen, oder überhäupt gar keine? Er gesellt sich doch zu der wissenschaftlichen Vereinigung und nimmt sich ihrer an, oder untergiebt ihr die von ihm selbst gestifteten Unterrichtsanstalten, um gewiß für die Geschäfte, wozu es deren bedarf Männer von Kenntnissen und von höherer Bildung zu finden. Stimmt dies wol zusammen damit, daß er doch hernach dem Urtheil dieses Vereins nicht traut, und sich nicht darnach richtet? Es läßt sich unterscheiden für den Staat ein niederer Dienst und ein höherer. Wie wohl es gethan ist, auch diejenigen, welche eigentlich für den höheren bestimmt sind, sich dennoch zunächst eine lange Zeit im niedern Gebiet herum treiben zu lassen; oder wie richtig die Meinung sein mag, daß wer nur lange genug den niedern Dienst verrichtet hat, auch wol geschikt sein werde für den höheren: dies gehört nicht hieher zu untersuchen; die Verschiedenheit in der Sache aber ist einleuchtend und bekannt. Im niedern Staatsdienst giebt es ein ansehnliches Gebiet, welches Kenntnisse wissenschaftlicher Art erfodert. Wenn die Universität im Namen des wissenschaftlichen Vereins einem

Einzelnen das Zeugniß ausstellt, daß er diese besizt: so weiß ich nicht was für einen Sinn die Prüfung noch haben soll, welche der Staat durch Beamte über ihn verhängt; so wie, wenn er sich auf das Zeugniß der leztern verlassen will, nicht einzusehen ist, warum er den Besuch der Universität zur Pflicht macht. Diese hinzukommende Prüfung sollte zur Qualification des Einzelnen gar nicht gehören; sondern nur um zu erfahren, wozu er sich besonders eignet, und wieviel er schon von den kleinen Fertigkeiten und Notizen mitbringt, welche allenfalls auch erst durch die Uebung dürfen erworben werden. Für den höheren Dienst bedarf es nicht nur einer Masse wolerworbener Kenntnisse, sondern auch Uebersicht des Ganzen, richtiges Urtheil über die Verhältnisse der einzelnen Theile, ein vielseitig gebildetes Combinationsvermögen, einen Reichthum von Ideen und Hülfsmitteln. Soll dies alles zuverlässig sein und geordnet, so muß, wer sich dieser Gaben rühmt, in das Heiligthum der Wissenschaft eingedrungen sein. Darum eröfnet es auch der Staat seinen künftigen Dienern, und will sie nur aus diesem empfangen. Sollten nun nicht eben hierüber auch die Zeugnisse der wissenschaftlichen Anstalten, wenn sie zwekmäßig und streng ertheilt werden, das erste sein, worauf der Staat sich verläßt? Das Vorurtheil, als ob es etwa einem adlich gebornen, oder überhaupt der Klasse, welche auf die höheren Geschäfte Anspruch macht, kaum anstehe einen gelehrten Grad anzunehmen, und ein solcher sich dadurch schon selbst von den Geschäften ausschließe und zum Schulstaube verdamme, kann wohl kaum gerechtfertigt werden, sondern muß verschwinden, wenn Staat und Universität sich selbst und gegenseitig verstehen. Vielmehr sollte der höhere Staatsdienst gerade nur solchen eröfnet sein; diejenigen, welche sich mit dieser Würde ausschließlich in die politische Laufbahn begeben, sollten überall an die Spize der Geschäfte gestellt zu werden Hofnung haben, und auch die, welche mit der Würde der Lehrer bekleidet sich vorzüglich den Wissenschaften widmen, sollte doch der Staat als Aufseher, als Rathgeber bei allem, was in ihr besonderes Fach einschlägt, zu gebrauchen wissen. Doch diese Aenderung in der gegenwärtigen Praxis müßten die Universitäten selbst vorbereiten; sie müssen ihre gothischen Formen beleben, sie müssen mit den Würden die sie ertheilen, nicht länger ein Spiel treiben und sie mißbrauchen lassen zu leeren Namen.

Anhang
über
eine neu zu errichtende Universität.

Man sagt, der preußische Staat fühle das Bedürfniß, auch für seinen verminderten Umfang die verlorene ehemalige Friedrichs-Universität durch eine andere neu zu errichtende zu ersezen, und man sagt, es sei beschlossen, in Berlin solle sie errichtet werden. Großentheils in dieser Hinsicht sind die vorstehenden Gedanken gerade jezt niedergeschrieben und bekannt gemacht worden, und sie würden ihren Zwekk verfehlen, wenn nicht von einigem wenigstens die Anwendung auf den vorliegenden Fall hinzugefügt würde.

Das Gefühl, welches diesen Entwurf erzeugt hat, ist gewiß sehr richtig und achtungswerth. Es beweiset, daß Preußen den Beruf, den es lange geübt hat, auf die höhere Geistesbildung vorzüglich zu wirken und in dieser seine Macht zu suchen, nicht aufgeben, sondern vielmehr von vorne anfangen will; es beweiset ferner ganz bestimmt, was wol eben so viel werth ist, daß Preußen sich nicht isoliren will; sondern auch in dieser Hinsicht mit dem gesammten natürlichen Deutschland in lebendiger Verbindung zu bleiben wünscht. Zwei Provincial-Universitäten hat es bereits. Königsberg für die außerdeutschen, oder vielmehr, da es ja jezt keine Beziehung mehr giebt, in welcher das eigentliche Preußen weniger deutsch wäre als Brandenburg, für die nördlichen, Frankfurt für die südlichen Provinzen. Aber mehr können auch diese beiden Anstalten ihrer Natur nach nicht werden; auch Frankfurt ist zu abgelegen, um irgend Ausländer an sich zu ziehn, die für eine große Universität von der höchsten Wichtigkeit sind, um die Anlage zu einer hart manierirten intellectuellen Existenz, wie sie im eigentlichen Preußen so sehr auffällt, und wie man sie auch auf den königlich-sächsischen Universitäten findet, in Schranken zu halten. Frankfurt war nur gut zu einer Missionsanstalt für die Polen, um welche sich Preußen hoffentlich jezt weniger bekümmern wird. Auch müßte diese Universität, um sie bedeutend zu machen, durchaus neu geschaffen werden, und warum sollte der Staat die Kräfte, welche dazu gehören, an einem übel gelegenen Ort und an der Umbildung einer durchaus untergeordneten und in vieler Hinsicht schlechten Anstalt, was immer eine eben so undankbare als schwierige Arbeit ist, verschwenden, da er mit fast gleicher Anstrengung Neues erbauen kann?

Aber warum gerade in Berlin? Potsdam freilich kann wol kaum einem Sachkundigen einfallen, da eine Universität in einer kleinen Stadt mit dem privilegirtesten Militär und dem Hofe dicht zusammen, der alle Kleinigkeiten nothwendig erfahren müßte, in der Nähe der Hauptstadt eigentlich der wunderlichste Gedanke ist, den man haben kann. Allein Brandenburg, Havelberg, mittlere Städte nahe an der Grenze, also gelegen für die Ausländer, und wo man zum Besten der Universität allmählig große Fonds einziehn könnte, dergleichen sollten einem Jeden weit eher in den Sinn kommen, als Berlin. Sollte also bei einer so auffallenden Wahl eine Hinsicht auf Vortheile entschieden haben, welche Berlin allein darbietet? Diese sind freilich leicht zu sehn, in so fern es in den preußischen Staaten der reichste Sammelplaz ist von Gelehrsamkeit, von Talenten, von Kunstübungen aller Art, in so fern es viele Institute in sich faßt, welche die Universität unterstüzen und wiederum durch die Verbindung mit ihr neuen Glanz oder einen höhern Charakter bekommen könnten, in so fern es zugleich die gebildetsten Formen des Lebens darstellt, und die höchsten Würden, zu denen sich der anstrebende Jüngling in jedem Fache emporschwingen kann, ihm dicht unter die Augen bringt. Allein dies sind Vortheile, deren alle Universitäten, welche für die Wissenschaft und den Staat den meisten Nuzen gestiftet haben, immer entbehrten. Dagegen hat Berlin für eine solche Anstalt eigne, nicht zu verkennende Nachtheile, die aus der Weitläuftigkeit der Stadt, der Theurung der Bedürfnisse, der Leichtigkeit der Zerstreuungen, der Mannigfaltigkeit andringender Versuchungen, der Ofensizerei vieler Jünglinge, die hier schon auf Schulen erzogen, hier auch studiren, und hier gleich in die Verwaltung treten würden, und eigentlich von allen Seiten, könnte man wol sagen, unausbleiblich entstehen müssen, Nachtheile, welche dem großen Publicum am meisten in die Augen leuchten, und welche es der neuen Anstalt, die ohnehin mit mannigfaltiger Eifersucht zu kämpfen hätte, schwer machen würden, Vertrauen zu gewinnen. Sollte also jezt wol der Zeitpunkt sein, um jener mehr glänzenden als wesentlichen Vortheile willen einen mißlichen Kampf zu wagen mit diesen Nachtheilen? Wer einen so bedeutenden Verlust gemacht hat, der darf nicht leichtsinnig speculiren, sondern muß mit sichern Unternehmungen von neuem anfangen, um seinen Kredit zu heben.

Schon unter der vorigen Regierung, zu einer Zeit, wo der preußische Staat durchaus kein Bedürfniß hatte, eine neue Universität zu errichten, wurde ein Plan gemacht zu einer großen Lehranstalt in Berlin, welche eigentlich keine Universität sein, aber doch die Dienste der Universitäten leisten sollte, von einem sehr gebildeten Schriftsteller, der Prinzenlehrer gewesen war und zugleich das Schauspiel dirigirte. An Feinheit und an Pracht, wie an höfischer Vornehmigkeit wird es also dem Entwurf nicht gefehlt haben. Zur Ausführung ist er indeß nicht gekommen, wenn man nicht eine und die andere, um diese Zeit entstandene Specialschule, ansehn will als Versuche mit solchen einzelnen Theilen dieses Ganzen, — denn auf einen Mittelpunkt und dessen lebendige Kraft mag wol wenig gerechnet worden sein — den Anfang zu machen, bei denen man am wenigsten in Grenzstreitigkeiten käme mit den bestehenden Universitäten. Die Hauptabsicht war ohnstreitig die gothische Form und das

Zunftwesen der alten Universitäten allmählig zu untergraben, vorzüglich aber den sogenannten Studentengeist zu tilgen, der von Furchtsamen für höchst furchtbar und verderblich gehalten wurde. Mit solchen Bildungsversuchen aus heiler Haut, ohne daß ein bestimmtes Bedürfniß bestimmte Maßregeln natürlich erzeugte, und ohne daß man von dem Umzubildenden eine vollständige Ansicht genommen hätte, um sich zu überzeugen, wie das wesentliche Gute und die dermaligen Mißbräuche sich gegen einander verhalten und worin beide gegründet sind, ist es immer eine bedenkliche Sache. Wer Zeit und Kraft übrig hat und es nicht scheut mit wichtigen Dingen auch zu spielen, der mag dergleichen wagen. Soll man aber wol glauben, daß eine weise Regierung unter den gegenwärtigen Umständen einen so entstandenen Plan hervorsuchen werde, dessen Erfinder gewiß durch reife Einsicht in das streng wissenschaftliche Gebiet nicht vorzüglich glänzte, sondern vielmehr durch einseitiges Popularisiren für diesen Gegenstand sich mißempfiehlt, und dessen Hauptabsicht war einen Geist zu untergraben, den man mit möglichster Beseitigung seiner Auswüchse und verkehrten Aeußerungen, jezt mehr als je suchen sollte sorgfältig zu bewahren als Einigungsmittel für den besten Theil des künftigen Geschlechtes und als Gewahrsam für ächt vaterländischen Sinn? Gewiß das wollen wir nicht denken, um so weniger da auch jene ganze Methode die realen Wissenschaften aus dem Zusammenhang mit der Philosophie herauszureißen, und entweder auf willkührliche Theorien zu bauen, oder in bloße Empirie verwandeln zu wollen, sich unter uns wol längst überlebt hat.

Es scheint also nichts übrig zu bleiben, um eine solche Wahl für das Lokale einer neuen Universität zu erklären, wenn sie sich doch in Berlin nicht eben wesentlich besser befinden wird als anderswo, als daß irgend eine Nothwendigkeit vorhanden ist, weshalb sie nur in Berlin überhaupt bestehen kann; und diese ist leicht aufzuzeigen. Denn wenn sie sogleich gestiftet und in Thätigkeit gesezt werden soll, und wenn ihre Lage allerdings eine solche ist, daß sie sich bei einem kränklichen Anfang kein langes Leben versprechen darf: woher soll sie anderswo alle die Hülfsmittel nehmen, welche einer blühenden Universität nothwendig sind? Hätte sie auch Geldkräfte in Ueberfluß, so sind doch Bibliotheken, Sammlungen von alten Denkmälern, botanische Gärten, anatomische, mineralogische und zoologische Kabinette unmöglich im Augenblikke herbeigeschafft; und wie könnte in unsern Tagen eine Universität mit Auszeichnung in die Schranken treten wollen, der es an diesen wesentlichen Attributen fehlte? Dies ist gewiß eine so einleuchtende Ursache, daß nach keiner andern weiter gesucht werden darf.

Wenn also nicht um irgend einer besondern Pracht und Herrlichkeit willen, sondern nur damit sie unmittelbar leben und rasch gedeihen könne, die Universität in Berlin wohnen soll: so scheinen die Maaßregeln, die zu ergreifen sind, einander so untergeordnet werden zu müssen, daß man zunächst für alles dasjenige sorge, was der Universität zum selbstständigen Dasein nothwendig ist; dann darauf denke, wie die besondern Nachtheile zu vermeiden sind, mit denen eben Berlin ihr vorzüglich droht, und nur erst nach diesem und in so fern dieses nöthigere nicht darunter leidet, dürfte man in Betrachtung ziehen, wie nun auch wiederum die besondern Vortheile, welche Berlin darbietet, recht zu benuzen wären.

Was das erste betrifft: so scheint zunächst schon die Art, wie die gesuchten nothwendigen Hülfsmittel in Berlin vorhanden sind, der Unabhängigkeit der Universität nicht günstig zu sein, wenn man nicht durch Machtsprüche eingreifen will in die Ordnungen anderer Anstalten, und das würde ihr wiederum Haß zuziehen. Wo die Universität keinen andern Gebrauch zu machen hat als der dem qualificirten Publicum überhaupt verstattet ist, da ist sie in der That auch nur als eine Vermehrung desselben anzusehn, und die Sache hat keine Schwierigkeit. So müßten, was die Bibliothek betrifft, die Studirenden besondere Lesezimmer haben in dem Universitätsgebäude, und die Bücher von der Bibliothek allemal auf den Namen eines Professors oder der Universität überhaupt dorthin geholt werden. Nur müßte man freilich allmählig auf eine eigne Handbibliothek aus solchen Werken denken, nach denen die Nachfrage besonders häufig sein muß, und die doch auf der Königlichen Bibliothek für das übrige Publikum nicht fortdauernd können entbehrt werden. Bei andern Instituten könnte man es für die beste Auskunft halten die gegenwärtigen Aufseher derselben zu Professoren ihrer Wissenschaft bei der Universität zu ernennen, und was könnte man in der That dieser besseres wünschen als einen Willdenow zu besizen für die Botanik, und einen Karsten für die Mineralogie. Allein theils ist damit nicht für immer geholfen, wenn neben der

Universität noch die Bergakademie bestehen soll, und das medicinisch-chirurgische Collegium; und es wären dadurch entweder der Universität oder diesen beiden Corporationen, die unter ganz anderer Aufsicht stehen, und eine ganz andere Bestimmung haben, die Hände gebunden für die Zukunft; theils ist es dem ächten Geist einer Universität zuwider, daß nur Einer ausschließend befugt oder in Stand gesezt sein soll eine Wissenschaft zu lehren. Hier entsteht also die freilich schwierige, aber doch auch nicht unauflösliche Aufgabe, solche Instructionen zu entwerfen und solche Garantien zu geben, daß die Universität nichts aufgeben müsse was ihre Natur wesentlich erfordert, und doch auch in frühere bestimmte Rechte so wenig als möglich eingegriffen würde. Aehnliches würde vielleicht geschehen müssen in Absicht des anatomischen Kabinets und der Thierarzeneischule, wiewol leztere sich wol am leichtesten und vortheilhaftesten auf gewisse Weise mit der Universität vereinigen ließe.

Doch nicht nur in Beziehung auf die Hülfsmittel, sondern auch auf die Personen der Lehrer und Schüler, ist es eine Aufgabe die leicht verfehlt werden kann, der Universität ihre Unabhängigkeit gleich anfangs zu sichern. Wenn man nemlich etwa das Personal der Lehrer, ich will nicht sagen ausschließend, aber doch größtentheils aus solchen Gelehrten zusammensezen wollte, die bereits in andern Verhältnissen in Berlin leben: so würde es, wie vortreflich auch die Männer sein mögen, mit dem freien Dasein der Universität nur schlecht bestellt sein. Es ist bekannt, wie gefangennehmend das Geschäftsleben ist, zumal ein genau ausgearbeitetes und spizfindig eingerichtetes, und Gelehrte, die einmal in dieses eingelebt sind, werden immer ihre Anstellung bei der Universität nur als eine Nebensache ansehn, nicht viel anders als die Vorlesungen welche sie schon jezt zu halten gewohnt sind. Hiezu kommt, daß sie durch ihre andern Geschäfte mit der Zeit beschränkt sind auf eine Weise, die mit der natürlichen Ordnung der studirenden Jünglinge nicht wol vereinbar ist. Dasselbe gilt von denen, welche auf höheren oder besonderen Schulen als Lehrer angesezt sind, und diese müßten sich überdies noch zwei ganz verschiedene Methoden des Lehrens aneignen, was schwerer sein mag als man glaubt. Von solchen Collisionen darf die Universität nicht abhängen; und überhaupt, wäre sie für die meisten Lehrer nur eine Nebensache, so würde sie es bald auch für die Schüler sein; sie würde troz alles

Vortreflichen was sie in sich vereinigte, nur wenig Vertrauen finden und auch wenig verdienen, weil sie bald gewissen administrativen Collegien gleichen würde, in denen es auch nie an vortreflichen Männern gefehlt, über die man doch aber immer geklagt hat, eben weil sie für alle diese Männer nur eine Nebensache waren. Gewiß ist es durchaus nothwendig Lehrer anzusezen, welche kein anderes als gelehrtes Geschäft treiben und auch nicht nöthig haben sich um ein anderes, am wenigsten administratives, zu bewerben, und welche zugleich schon als Universitätslehrer Uebung und Ansehn haben, und zwar in solcher Anzahl, daß das Wesentliche in jeder Facultät durch sie allein könnte gedekt werden; und nur in diesem Fall wird man sagen können, daß die Universität auf festen Füßen steht. Endlich darf die Universität auch nicht, und zwar unter den gegenwärtigen Umständen am wenigsten, abhängen von der Wohlhabenheit der Eltern, welche glauben ihre Söhne für einen Aufenthalt in Berlin hinreichend versorgen zu können. Auf diesem Wege würde man nur eine kleine Anzahl zierlicher und vornehmer, oder üppigreicher und lokkerer Studirenden bekommen, deren größter Theil den Lehrern, welche es mit der Wissenschaft redlich meinten, eben nicht viel Lust und Liebe einflößen würden. Noch keine Universität hat ohne einen Unterstüzungsfonds bestanden, und ein solcher müßte vorzüglich für Berlin herbeigeschaft werden. Würde er nach den oben aufgestellten Grundsäzen verwaltet: so würde die Besorgniß wegfallen, daß durch Unterstüzungen nur ungeschickte und unerzogene Arme herbeigelokt würden. Besonders zweckmäßig aber wäre es für Berlin, wenn alle Unterstüzungen nicht sowol in baarem Gelde beständen als in unentgeldlicher und zugleich ehrenvoller Darreichung wesentlicher Bedürfnisse, Wohnung, Speisung, Heizung. Dadurch würde auch am leichtesten der Privatreichthum angelokt werden zu diesen Unterstüzungen beizutragen. Allein nicht nur für das wahre Bedürfniß muß gesorgt werden, sondern auch für die großentheils ungegründete Furcht der Auswärtigen vor einer unmäßigen Theurung in Berlin muß etwas geschehen. Viel thut freilich schon die Hofnung, daß jeder Fleißigste und nicht nur der Aermste an den öffentlichen Unterstüzungen Antheil nehmen kann. Dann sorge man dafür, daß unter öffentlicher Autorität wenigstens für den Anfang einige Personen die Vermittlung zwischen den Studirenden und den Hausbeßzern und Speisewirthen übernehmen, billige Contrakte abschließen, und die verschiedenen Preise welche sie halten können, gehörig bekannt machen, damit Jeder die Sicherheit habe bald und leicht zu finden was seinen Vermögensumständen angemessen ist. Auch dieses muß man noch verhüten, daß nicht zu sehr überhandnehme das Unterrichtertheilen der Studirenden, um sich Erleichterung zu verschaffen. Dies ist freilich in Berlin verderblicher als anderswo. Am besten aber geschähe dies durch Vorkehrungen, die nicht von der Universität ausgehen müßten, sondern von der Behörde welcher die Aufsicht über den Unterricht überhaupt obliegt.

Wie dieses schon eine Zerstreuung ist: so möchte man im Allgemeinen die mannigfaltigen Gelegenheiten zu Zerstreuungen aller Art oben an stellen unter den Nachtheilen die in Berlin vorzüglich zu befürchten sind. Auch hiemit möchte es aber so arg nicht sein als man glauben will. Das Sehenswürdige der Stadt selbst und ihrer Umgebungen, und alles was man unter dem Namen der Merkwürdigkeiten begreift, ist nur gefährlich durch die Neuheit, also nur für die erste Zeit, und es giebt gewiß keine Universität, wo nicht den Meisten über solchen Neuigkeiten ein Theil von dieser verloren ginge. Natürlich wird sich auch die Universität in einem

Theile, und wahrscheinlich nicht in der glänzendsten Mitte der Stadt zusammendrängen, und der Fleißige leichter was in den übrigen vorgeht, ignoriren können. Von allen Ergözungen aber und Lustbarkeiten, welche eben so viel Aufwand fordern als sie Zeit kosten, die theatralischen und musikalischen Darstellungen an der Spize von diesen, ist eben des Aufwandes wegen wenig zu besorgen. Wenn nur der Studirende außer Stand gesezt ist seine nothwendigen Bedürfnisse fortdauernd unbezahlt zu lassen, und den größten Theil seiner Zuschüsse an dergleichen Vergnügungen zu verwenden, so wird er bald auf ein für seine Zeit gar leidliches Maaß gebracht sein. Und dies ist gewiß zu erreichen, wenn nur die Geseze über das Kreditwesen der Minderjährigen wirklich in Anwendung gebracht werden. Dies ist in der That in Berlin leichter als anderswo, weil keine Klasse von Bürgern genöthigt sein wird, fast ganz von den Studirenden zu leben und also um ihre Gunst zu buhlen. Auch werden schon alle diejenigen jungen Leute sich mehr vor nicht ganz ehrenvollen Schulden hüten, die nun beim Abgang von der Universität ihren Gläubigern nicht entgehen, sondern in Berlin bleiben, um dort ihre erste Anstellung zu suchen, und dadurch wird bald eine ernstere Ansicht von dieser Sache herrschend werden. Nur daß man ja nicht auf den unseligen Gedanken einer Zahlungskommission komme! Doch man hat ja wol gesehn, wie wenig Eingang, allen eingezogenen Nachrichten zufolge, sie anderwärts gefunden und wie noch viel weniger sie ausgerichtet hat. Auch ist nichts in der Welt dem Wesen einer Universität mehr zuwider. Soll die Bildung des Charakters mit der des wissenschaftlichen Geistes gleichmäßig fortschreiten; soll der Jüngling sich in dem Maaß und Verhältniß seiner Neigungen kennen lernen: so muß er Freiheit haben auch in seinen Ausgaben jezt dieses jezt ein ganz entgegengeseztes Verhältniß einzuführen; er muß die Bequemlichkeiten sowol als die Gefahren der Ordnung wie der Unordnung und was sonst hieher gehört, kennen lernen, damit, wenn er ins thätige Leben tritt, er nicht erfahrungslos erscheine, sondern als ein gemachter Mann, der auch über seine eigene Lebensweise sicher ist. Diese Freiheit ist nothwendig, Mißbrauch im Einzelnen wird immer statt finden; aber den giebt es ja auch in den späteren Perioden des Lebens, und übel wäre uns gerathen, und schlecht wäre es um die Regierung jeder Angelegenheit bestellt, wenn uns nichts übrig bliebe als um des Mißbrauchs willen dem unentbehrlichsten Gut zu entsagen. Sollte unsre Gesezgebung und Polizei noch nirgends so weit gediehen sein, daß man ihr die reine Aufgabe vorlegen dürfte: den Mißbrauch möglichst einzuschränken ohne die Aufopferung wesentlicher Vortheile?

Dasselbige gilt auch wol von den Ausschweifungen vorzüglich des Geschlechtstriebes und der Spielsucht, von welchen man unsägliches Unheil fürchtet für eine Universität die in Berlin wäre. Freilich gefährliche Klippen! allein wol nicht viel gefährlicher in Berlin als an jedem andern Orte. Es werden immer, so lange Berlin eine Hauptstadt bleibt und seinen ehemaligen Charakter nicht ganz verläugnet, viele junge Leute sich dort aufhalten, die reicher sind und mehr üppige Verwöhnungen haben als die Studirenden, und daher werden auch diejenigen Klassen, welche von der Sittenlosigkeit der Jugend leben, ihre Nachstellungen mehr auf jene richten, als auf diese. Dagegen in kleineren Städten die Studenten fast die einzige Jugend sind, welche in Betracht kommt, und alle Künste der Verführung ausschließend gegen sie gerichtet werden; Ein Umstand, durch welchen jener Unterschied reichlich aufgewogen wird; wie denn in einer Residenz freilich alles Böse glänzender und verführerischer ist als an andern Orten, aber auch zumal was von dieser Art das ausgesuchteste ist und das glänzendste die Geldkräfte eines Studenten der seiner Natur nach überall Liberalität übt, gar bald übersteigt. Daher scheint in dieser Hinsicht nur zweierlei nothwendig zu sein. Einmal, daß die Wachsamkeit der Polizei gegen alle Anstalten der Verführung geschärft werde, daß sie sich es z. B. zum Gesez mache, welches gar nicht ausgesprochen werden darf, ihr sonst so oft vernachlässigtes Recht gegen Spielhäuser mit der größten Strenge auszuüben, sobald Studenten darin angetroffen werden; daß ferner bekannt gemacht würde, Klagen in Unzuchts-Sachen sollten gegen eine gewisse Klasse junger Leute, unter welche sich die Studenten ganz natürlich subsumiren müßten, gar nicht angenommen werden, und was für ähnliche *gute* Maaßregeln sich sonst nehmen ließen. Dann aber auch müßte alles mögliche geschehen, um die Studenten vor niedrigen Arten des Umganges und der Vergnügungen zu bewahren, und strenge Ehrbegriffe auch in dieser Hinsicht unter ihnen aufrecht zu erhalten.

Denn freilich in dem Maaß als sie sich mit dem niedrigen auf dem Gebiete des Umganges und der Vergnügungen behelfen müßten, würden sie auch den niedrigsten Arten der Verführung Preis gegeben und dann sicher verloren sein.

Beide Vorschläge hängen zusammen mit zwei wichtigen Fragen, die wir nicht ganz unerörtert lassen können; die eine ist die, unter welcher Obrigkeit sollen die Studenten stehen? die andre die, wie sollen sie in der Gesellschaft angesehen werden? Was die erste betrift: so ist wol jezt Niemand, der nicht die Unzwekmäßigkeit der eigenen Universitätsgerichte einsähe, und man kann sagen, daß sie auf preußischen Universitäten schon seit langer Zeit vorzüglich ist gefühlt worden. Es würde hier zu weit führen die Sache historisch zu beleuchten, und zu zeigen, wie weit die gegenwärtigen Umstände von denen unterschieden sind, unter welchen diese Einrichtung ursprünglich ist getroffen worden. Auf der andern Seite muß es allerdings ein Mittel geben gefährliche Subjecte zu warnen und sogar zu entfernen, wenn sie auch noch nichts begangen haben, was eine so strenge Ahnung von Seiten gewöhnlicher Gerichtshöfe veranlassen könnte. Daher scheint man beides verbinden zu müssen. Die Studenten seien in allem was sich zu einer gerichtlichen Klage qualificirt, der gewöhnlichen Obrigkeit unterworfen; aber es gebe zugleich eine disciplinarische Commission aus den Vorstehern der Universität zusammengesezt, welche nicht nur als Polizeimaaßregel mancherlei Strafen, nicht ausgeschlossen die Entfernung der Studenten von der Universität, ausschließend verfügen könne, sondern an welche auch die Obrigkeit angewiesen sein muß, Klagesachen gewisser Art, nachdem sie sie gehörig eingeleitet, immer zurükzuweisen, und dann unter ihrer Autorität die Entscheidung der Commission zu publiciren und auszuführen. Wer diese Maaßregel genauer durchdenkt, wird sehn, wie durch sie eine Menge von Schwierigkeiten bei weitem am leichtesten gehoben werden. Nur so lange noch ein mehrfacher Gerichtsstand besteht, darf die Obrigkeit der Studenten keine andere sein als die der sogenannten Eximirten. Sie ist die Obrigkeit ihrer Lehrer, und größtentheils das Forum des Standes, dem sie entgegengehn. Ja schon deshalb kann es nicht anders sein, weil man doch den Adlichen unter ihnen dies Vorrecht nicht streitig machen könnte, und unter den Studenten selbst alle Spuren von Unterschied des Standes soviel möglich müssen vertilgt werden.

Was aber die zweite Frage betrift über die Gesellschaftsverhältnisse der Studirenden: so kann freilich weniger die Rede davon sein was geschehen solle, als was wahrscheinlich geschehen werde, und nach welcher Seite hin man dem gemäß die öffentliche Meinung müsse zu lenken suchen. Viele besorgen, der Student werde sich sehr zurükgesezt fühlen in Berlin, und als ein armseliges, ganz unbedeutendes Wesen erscheinen, und das wäre allerdings ein großer Nachtheil. Allein wird nicht jeder bessere Lehrer es sich zur Pflicht machen, seine ausgezeichneteren Schüler in seinen gesellschaftlichen Kreis zu ziehen und ihnen auch dadurch seine Achtung und seine nähere Theilnahme zu beweisen? werden nicht sehr Viele empfohlen sein an Bekannte des väterlichen Hauses? Für alle diese wäre gesorgt genug in dieser Hinsicht, und vielmehr bei der großen gesellschaftlichen Leichtigkeit Berlins nur zu befürchten, daß sich hieran schon zuviel gesellschaftliche Zerstreuungen anknüpfen möchten, und daß durch zu vielfaches und frühes Schmiegen in die gesellschaftlichen Verhältnisse und die eingeführten

Sitten der Charakter der studentischen Freiheit verschwinden und die wohlthätigen Einflüsse derselben verloren gehen möchten. Auf der andern Seite wäre dies gesellschaftliche Verkehr freilich nicht allgemein; die so Vorgezogenen würden leicht von ihren Genossen zu weit entfernt, und die zurükgesezten eben dadurch genöthigt, sich entweder ganz zu isoliren, oder sich Gesellschaften von untergeordneter niedriger Art aufzusuchen. Darum wäre es in Berlin ganz nothwendig, auch wieder das Untersichsein der Studenten, wo der eigene und freie Stil des Lebens seinen Plaz hat, und ihren eigenen Gemeingeist zu befördern, nothwendig sie fühlen zu lassen, daß sie schon als Studenten, als diejenigen, auf denen die wichtigsten Hofnungen des Vaterlandes ruhen, eines Grades von öffentlicher Achtung und Aufmerksamkeit genießen, deren sie sich nicht unwürdig machen dürfen, und deshalb zwekmäßig, daß man die landschaftlichen Verbindungen, welche sich um so zuverlässiger bilden werden als das Ganze den Charakter der Universität trägt und als die gymnastischen Uebungen an der Tagesordnung sind, mit Klugheit dulde und leite, daß man nicht jede Art sich äußerlich auszuzeichnen verbiete, und daß man erlaube, daß bei gewissen Gelegenheiten die Studenten als Corporation öffentlich auf eine ehrenvolle Art erscheinen und repräsentiren dürfen. Auf solche Weise wird man am besten ihr ganzes Verhältniß zur übrigen Gesellschaft in die rechte Temperatur sezen.

Indem auf diese Weise der eigenthümliche Geist der Universität und die nothwendige Freiheit der Studirenden beschüzt und erhalten werden, verschwinden zugleich zum Theil wenigstens die üblen Folgen davon, daß immer ein ansehnlicher Theil der Jünglinge seinen Aufenthalt nicht verändert und auf der Universität wie auf der Schule dem elterlichen Hause einverleibt bleibt. Denn um an der Achtung, welche die Corporation genießt, Theil zu nehmen, werden sie sich zu dieser halten müssen, indem der leichte Spott über diejenigen, die sich ausschließend auch in der Universitätsperiode an die Familie halten wollen, von dem ächten Studentensinn, wenn er sich frei entwikkeln darf, unzertrennlich ist. Auch die Verwandlung der öffentlichen Unterstüzungen in Speisung und Behausung wird Einiges beitragen, um Einzelne aus dem beschränkten Familienleben herauszureißen, und darum sollte man vorzüglich auch allen für Berliner bestimmten Beneficien diese Einrichtung geben.

Sind nun im Allgemeinen die ursprünglichen Einrichtungen in dem Sinne festgesezt, um das unabhängige Bestehen der Universität zu sichern und die nachtheiligen Verhältnisse, die in Berlin für sie eintreten, möglichst zu beschränken: dann erst und wenn sich das Wesentliche so bewährt hat, kann man fragen, wie nun auch die besondern Vortheile, welche Berlin darbietet, möglichst können benuzt werden.

Zuerst ist unstreitig Berlin der Ort, an welchem sich auch in Zukunft die Universität am vortreflichsten mit Docenten versorgen kann, mit Ausnahme des eigentlich speculativen Faches, für welches man wahrscheinlich immer am besten thun wird, sie von auswärts zu holen. Was aber die übrigen Zweige betrift, so ist oben auseinander gesezt worden, wie bei Manchem der seine erste wissenschaftliche Bildung vollendet hat, unentschieden sein kann, ob er mehr Talent und Neigung habe, seine Einsicht und Gesinnung in der Verwaltung des Staates geltend zu machen, oder auf dem Lehrstuhl. Anderwärts muß dies oft übereilt oder nach bloß äußeren Beziehungen entschieden werden; und ist die Wahl einmal gemacht, so ist sie meistentheils unwiderruflich. An einem Orte hingegen, welcher beides, das Centrum der Verwaltung und die Universität in sich faßt, hat Jeder Gelegenheit sich hinreichend zu prüfen; er kann sich beide Schranken öfnen lassen, und sich so lange in beiden versuchen, bis der innere Zwiespalt ihm selbst überzeugend entschieden ist, und sich das eine Talent bedeutend über das andere herausgehoben hat. Ja auch die kürzesten Blüthen der Lehrgabe dürfen an einem solchen Ort nicht verloren gehen; sondern in wem sich, wenn er einmal wissenschaftlich durchdrungen ist, vielleicht mitten in den Geschäften der Verwaltung irgend eine eigenthümliche Ansicht so weit entwikkelt hat, daß er fühlt, er könne eine klare durchgreifende aufregende Darstellung davon geben; oder wer in seinen wissenschaftlichen Nebenstunden irgend einen einzelnen Zweig einer Wissenschaft mit Gründlichkeit und mit solchem Erfolg getrieben hat, daß er glaubt durch seine Entdekkungen oder seine eigenthümliche Methode auf dem Katheder nüzlich zu werden, der kann es besteigen. Eben so haben wir gesehen, wie gar oft, besonders bei denen die als

Lehrer auf der geschichtlichen Seite der Wissenschaft stehen, wenn das vergängliche Talent des eigentlichen für die Universität gehörigen Lehrens zu verblühen anfängt, die Neigung zur praktischen und politischen Anwendung der Wissenschaft wieder die Oberhand gewinnt. Nirgends läßt sich nun dieser natürlichen Umwandlung milder und leichter entgegenkommen durch einen allmähligen Uebergang, als in der Hauptstadt, so daß auf der einen Seite auch noch die lezten Aeußerungen der Lehrgabe genuzt werden können, und auf der andern Keiner, dessen Lust und Kraft nicht mehr der Universität gehört, ihr, weil er seine rechte Stelle nicht finden kann, eine unnüze Last sei. Aber freilich wird dieser Vortheil nur in dem Maaß erreicht werden können, als der Staat das Vertrauen hat, daß, wer in der Wissenschaft gelebt hat, und von Ideen durchdrungen ist, auch die nothwendigen empirischen Einzelheiten schnell auffassen, sich leicht in die Kenntniß der Sachen versezen, und durch ein höheres Talent die Länge der Dienstzeit ersezen kann; nur in dem Maaß als er in der Organisation seiner ganzen Verwaltung den wesentlichen Unterschied zwischen dem kleinen Dienst und dem großen stärker hervortreten läßt als bisher; und nur in dem Maaß, als gleich die Ertheilung der gelehrten Würden, als der unentbehrlichen Qualification sowol für einen angehenden Universitätslehrer, als für einen der in den großen Staatsdienst treten will, auf einen solchen Fuß gesezt wird, daß sie wieder allgemeinen Kredit gewinnen, und das Vorurtheil keine Nahrung findet, daß wer sich mit ihnen befasse, dadurch zugleich seine Unfähigkeit und Unlust zu Geschäften bekunde. Dann könnte eine Universität in Berlin vor allen andern den Vorzug haben, immer lauter frische kräftige lehrlustige und in dem rechten Verhältniß zur studirenden Jugend stehende Lehrer zu besizen.

Nächstdem kann sie sich auch auszeichnen durch einen Reichthum an Lehrern auch für das besonderste und für die vom Mittelpunkt der Erkenntniß am weitesten entfernten technischen Disciplinen. Man denke hiebei zunächst an die schon in Berlin bestehenden Specialschulen, die chirurgische Schule, die Bauschule, die Bergwerksschule, denn Akademien wünschten wir sie nicht nennen zu müssen, wo Unterricht bis ins kleinste des äußern Apparats und der Hülfsfertigkeiten für einzelne Wissenschaften ertheilt wird, Unterricht, welcher eigentlich auch dem Studirenden offen stehn muß, damit er selbst seine äußerlichsten Talente versuchen und verhältnißmäßig ausbilden kann, und auch die äußerliche Seite des wissenschaftlichen Gebietes kennen lernt. Auf eine mehr zufällige und unsichere Weise könnten diese Anstalten der Universität nüzlich werden, wenn nur die bei ihnen angesezten Lehrer Erlaubniß erhielten, die wesentlichen Disciplinen ihrer Anstalt auch bei der Universität vorzutragen. Vielleicht aber könnte noch etwas grösseres ausgerichtet werden, wenn man die Anstalten selbst auf eine gewisse Weise mit der Universität vereinigte. Jezt haben sie ein gar besonderes Ansehn. Neben dem Fach welchem sie zunächst gewidmet sind, haben sie noch Lehrer in allgemeinen Wissenschaften, die mit jenem zunächst zusammenhängen, was sich in der Nähe der Universität hernach wunderlich ausnehmen wird. Man sollte sie vielleicht in zwei Theile theilen; der eine wäre die Schule, und bearbeitete diejenigen, welche sich diesem Fach gewidmet haben ohne nach wissenschaftlicher Bildung zu streben. Der andere höhere würde mit der Universität vereinigt; die Zöglinge wären Studenten in vollem Sinn, die Lehrer Professoren, und der Unterricht ganz in den der Universität aufgenommen. Die niedere Klasse könnte eben so mit den gelehrten Schulen in Verbindung gesezt werden, und diese mit der Universität selbst durch solche Mittelglieder in eine nähere Gemeinschaft treten, so daß beide, ohne von ihrer Eigenthümlichkeit etwas aufzugeben, doch auch wieder als ein Ganzes anzusehn wären, und die Hauptstadt auch hierin das bestimmteste sinnliche Bild von dem Einssein aller Theile im Ganzen aufstellte.

Dasselbige könnte endlich auf der andern Seite auch geschehen in Beziehung auf die Akademie der Wissenschaften. Zwischen dieser und der Universität giebt es, wie wir schon gesehen haben, eine natürliche Gemeinschaft; der Universitätslehrer arbeitet sich allmählig in die Akademie hinüber und ein großer Theil der Akademiker hat immer noch Zeiten, wo es ihn drängt im Einzelnen die Functionen eines Universitätslehrers zu versehen. Diese Gemeinschaft könnte hier auf eine höchst wünschenswürdige Weise organisirt werden, ebenfalls ohne daß beide Anstalten äußerlich Eins würden und aufhörten, das Eigenthümliche ihres Zwekkes und Wesens auf das bestimmteste auszusprechen, sondern nur so, daß durch die Einzelnen, welche mit Recht beiden angehören, für das Leben ein allmählicher Uebergang statt fände und eine freundschaftliche Verbindung beider Anstalten, in welcher sich wiederum die Einheit der ganzen wissenschaftlichen Organisation sinnlich darstellte. Die Einflüsse, welche wir der Akademie und den Akademikern auch auf die Universität zugeschrieben haben, und ihre überall unbeschränkt zu erhaltende Freiheit sich selbst zu erneuern, sichert hinlänglich gegen die wunderliche Ansicht, als würde dann die Akademie nur eine Versorgungsanstalt sein für abgelebte Professoren; vielmehr wird sie durchaus in der wissenschaftlichen Republik erscheinen als die ehrwürdige Versammlung der Aeltesten. Nur muß auch die Universität indem sie diese wie die vorige Verbindung sucht, nicht erscheinen als thäte sie es aus einseitigem Bedürfniß, als würde sie ohne diese Stüzen ärmlich und unscheinbar sein, und als sollten zu ihrem Besten andere Anstalten von ihrer Selbstständigkeit aufopfern. Vielmehr muß auch sie unabhängig auftreten und selbstständig, und die Verbindung muß eine von beiden Theilen gewünschte Annäherung sein.

Denn was abgedrungen wird auf diesem Gebiet ist sicher als unrechtes Gut nie gedeihlich. Darum, wenn man nicht alles verderben will, denke man doch ja anfänglich auf nichts anders, als nur eine Universität zu stiften, die soviel möglich für sich bestehe. Ja, um recht deutlich zu machen, daß es zunächst nicht die Hinsicht auf diese künftigen Vortheile ist, was die Universität nach Berlin bringt, sondern der Drang des Augenblikkes: so erkläre man doch am liebsten, sie solle nur provisorisch in Berlin sein, und denke darauf ihr Kräfte zu sammlen, damit sie alles, was ihr nothwendig ist, eigen habe. Sieht man dann, daß die eigenthümlichen Nachtheile von Berlin sich nicht besiegen lassen: so werde man ja nicht geblendet durch die etwanigen Vortheile, sondern die Universität wandere so bald sie kann. Es wird ja wol nicht nöthig sein, steht zu hoffen. Aber durch die Kundmachung dieses Entschlusses, und die Anstalten, um ihn nöthigenfalls zu realisiren, wird die Universität Vertrauen auf ihre Moralität gewinnen, und nach Maaßgabe ihrer Unabhängigkeit wird sich auch die Stimmung bilden, durch welche sie sich in Besiz der lezt erwähnten Vortheile sezen kann. Und dann ist eine wissenschaftliche Organisation gegründet, die ihres Gleichen nicht hat, und durch ihre innere Kraft sich ein weiteres Gebiet unterwerfen wird, als die jezigen Grenzen des preußischen Staates bezeichnen, so daß Berlin der Mittelpunkt werden muß für alle wissenschaftlichen Thätigkeiten des nördlichen Deutschlandes, so weit es protestantisch ist, und die Bestimmung des preußischen Staates für die Zukunft von dieser Seite einen sichern und festen Grund gewinnet. Bei einer solchen Aussicht müssen ja wol kleinliche Rüksichten und Besorgnisse verschwinden, und es bleibt nur zu wünschen, daß die Regierung, welche diesen Entwurf gefaßt hat, sich bald im Stande fühle, ernstlich zur Ausführung zu schreiten.